AF453469

PITTORESQUE.

MONUMENS ET FRAGMENS

D'ARCHITECTURE,

MEUBLES, ARMURES ET OBJETS DE CURIOSITÉ

DU Xᵉ AU XVIIᵉ SIÈCLE.

Dessiné d'après Nature

ET LITHOGRAPHIÉ

Par MM. ARNOUT, ASSELINEAU, BAYOT, BOYS, CHAPUY, CUVILLIER, DANJOY, DAUZATS, DEROY, DURAND, GIRAULT DE PRAN-
GEY, HERSON, JACOTEY, LÉON DE LABORDE, MENUT, MONTHELIER, ROUARGUE, le Cᵗᵉ TURPIN DE CRISSÉ, TIRPENNE, etc.

Avec un Texte archéologique, descriptif et historique,

PAR M. MORET,

Avocat à la Cour Royale de Paris.

PARIS,

Chez **VEITH** et **HAUSER**, 11, Boulevard des Italiens.

1839.

TABLE DU 3ᵉ VOLUME

FORMANT

LES LIVRAISONS 13-18.

PARIS, IMPRIMERIE DE PAUL DUPONT ET Cⁱᵉ,
Rue de Grenelle-St-Honoré, n. 55.

NOUVELLES PUBLICATIONS

DE VEITH ET HAUSER,

11, BOULEVARD DES ITALIENS.

LE MOYEN AGE PITTORESQUE, Vues et détails d'architecture, Armures, Meubles, etc., du Xᵉ au XVIIᵉ siècle, dessinés d'après nature par Chapuis et autres ; et lithographiés par les meilleurs artistes.

Paraissant tous les mois par livraisons de 6 planches, 23 ont paru chacune à . . 6 fr. sur blanc ; 8 fr. sur chine, 18 fr. coloriée.

L'ouvrage se composera de 30 livraisons in-folio formant 5 volumes avec texte. — Les trois premières parties de texte sont *publiées* chacune à . . . . 4 fr. ; papier vélin, 6 fr.

MEUBLES, ARMURES, et divers Objets du Moyen âge et de la Renaissance, dessinés d'après nature, dans les principaux cabinets d'amateurs, au musée du Louvre, à la bibliothèque royale, etc., etc., et lithographiés par Asselineau.

L'ouvrage sera composé de 12 livraisons. — Les quatre premières ont paru chacune à 6 fr. sur blanc ; 8 fr. sur chine ; 18 fr. color.

SOUVENIRS DU VIEUX PARIS, Exemples d'architecture du temps et de styles divers, 30 planches in-folio dessinées et lithographiées d'après nature par le comte Turpin de Crissé, avec texte descriptif. . . . . 40 fr.

Dito, épreuves sur chine, en portefeuilles. . . . . 50 fr.

Coloriée. . . . . 100 fr.

MUSÉE D'ARMES rares et orientales de S. M. l'Empereur de Russie, lithographié par Asselineau, et paraissant en livraisons de 6 planches avec texte. — Les deux premières sont en vente au prix de 10 fr. chaque. . . . . 15 fr. sur blanc ; 15 fr. sur chine.

VUES ET MONUMENS DE PARIS ET DE SES ENVIRONS, dessinés d'après nature et lithographiés par Arnout ; portant 12 pouces sur 9, impr. sur demi-colombier, contenant 30 pl. 75 fr.

Dito, coloriées avec soin. . . . . 180 fr.

Nᵒ 1. La Bourse.
2. La Madeleine.
3. Notre-Dame.
4. Cascade de Saint-Cloud.
5. Vue du Pont Royal et du Monument du quai d'Orçay.
6. Arc de Triomphe de l'Étoile (côté de Neuilly).
7. Chambre des Députés.
8. Place et Colonne Vendôme.
9. Jardin et Palais des Tuileries.
10. Arc de Triomphe de l'Étoile (côté de Paris).
11. Dôme des Invalides.
12. Colonnade du Louvre.
13. Jardin et Galeries du Palais-Royal.
14. Panthéon, avec le nouveau fronton.
15. Boulevard des Italiens.
16. Père-Lachaise. — Tombeau du général Foy.
17. Chemin de fer. — Départ pour Saint-Germain.
18. Ecole Militaire et Champ-de-Mars.
19. Porte Saint-Denis.
20. Palais de Versailles (côté du Parc).
21. Le même (côté de la cour).
22. Fontainebleau (cour des Fontaines).
23. dito (cour du Cheval-Blanc).
24. Arc du Carrousel et Palais des Tuileries.
25. Fontainebleau (cour ovale).
26. Pont du Carrousel près le Louvre et les Tuileries.
27. Place de la Concorde.
28. Obélisque de Luxor avec les fontaines sur la même place.
29. Vue prise sur le Pont-Neuf avec la statue de Henri IV.
30. Vue du Pont-Neuf et de la Cité.

Chaque vue séparément. . . . 2 fr. 50 c. en noir ; 6 fr. coloriée.

Le Palais du Luxembourg et l'Hôtel-de-Ville suivront dès qu'ils seront achevés.

SOUVENIRS DE GRENADE ET DE L'ALHAMBRA, Vues, Détails et Plans dessinés sur les lieux par Girault de Prangey, et lithographiés par nos meilleurs artistes.

30 planches avec texte. . . . . 75 fr. ; sur chine 90 fr.

Avec 10 planches de détails coloriées en or et argent. . . . 125 fr.

Toutes les planches coloriées. . . . . 220 fr.

LES CHEFS-LIEUX ET PRINCIPAUX SITES DE LA SUISSE, dessinés d'après nature par Chapuy et lithographiés par E. Deroy, Jacottet, Hostein, etc.

6 livraisons, de 6 planches chaque, ont paru chacune, à 6 fr. en noir ; coloriée. . . . . 18 fr.

L'ouvrage se composera de 50 planches.

LES RIVES DE LA MEUSE, depuis sa source jusqu'à l'embouchure ; 20 vues in-folio dessinées d'après nature et lithographiées par Hostein. . . . . 20 fr. en noir ; 60 fr. coloriée.

1. Source. — 2. Saint-Mihiel. — 3. Mézières. — 4. Verdun. — 5. Sédan. — 6. Jonction avec la Semoy. — 7. Revin. — 8. Givet. — 9. Fumay. — 10. Namur. — 11. Roche à Bayeux. — 12. Dinant. — 13. Rochers de Samson. — 14. Huy. — 15. Château de Chokier. — 16. Liège. — 17. Maëstricht. — 18. Venloo. — 19. Dordrecht. — 20. Rotterdam.

Chaque vue séparément. . . . . 1 fr. en noir ; 3 fr. coloriée.

LES CAPITALES ET PRINCIPALES VILLES DE L'EUROPE, gravées à l'aqua-tinte ; 12 planches ont paru, savoir : Paris, Londres, Rome, Gênes, Amsterdam, Florence, Venise, Munich, Pétersbourg, Madrid, Palerme, Naples.

Chacune à. . . . . 2 fr. noire ou avec tinte ; 5 fr. coloriée.

COLLECTION DE 100 PETITES VUES DE SUISSE, D'ITALIE ET D'ALLEMAGNE, coloriées avec soin, montées sur passe-partout avec entourages ; chacune à. . . . . 1 fr. 50 c.

GRAVURES AU BURIN.

BONAPARTE AUX PYRAMIDES, d'après Gros, gravé par Vallot. . . . . 60 fr.

Faisant pendant à

FRANÇOIS Iᵉʳ ET CHARLES V, visitant les Tombeaux de Saint-Denis, gravé par Forster. . . . . 72 fr.

LA VIERGE DE LA MAISON D'ORLÉANS, d'après Raphael, par Forster. . . . . 20 fr.

LA VIERGE AU BAS-RELIEF, d'après Léonard de Vinci, par Forster. . . . . 30 fr.

LA VIERGE AU SILENCE, d'après A. Carrache, par Th. Richomme. . . . . 20 fr.

LA VIERGE AU LIVRE, d'après Raphael, par Th. Richomme. . . . . 12 fr.

LA VIERGE DU MUSÉE DE PARME, d'après Corrège, par Leroux. . . . . 12 fr.

PORTRAIT DE RAPHAEL, d'après lui-même, gravé par Forster. . . . . 12 fr.

PORTRAIT DE MARC-ANTOINE, d'après Raphael, gravé par Leisnier. . . . . 12 fr.

LA JEUNE MÈRE NAPOLITAINE, d'après H. Vernet, gravée par Conquy. . . . . 8 fr.

LA JEUNE MÈRE FRANÇAISE, d'après Steuben, gravée par Conquy. . . . . 8 fr.

CHAPELLE DE VILLA-VICIOSA,

N° 73.

Nous avons donné, sous le n° 57, la description générale de la ville de Cordoue; il nous reste, pour compléter la monographie de cette intéressante cité, à faire connaître sa célèbre cathédrale.

Cet édifice, le plus important des monumens laissés sur le sol espagnol par les Mores, est une ancienne mosquée nommée chez eux, par antonomase, *la mezquita* ou *la mosquée* par excellence. Elle mérite cet honneur par sa beauté architecturale qui répond à sa sainteté chez les musulmans. Les enfans de l'*islam* en foule y venaient en pèlerinage comme à la Mecque et à Médine, berceau et tombeau de leur Prophète, et les vastes dimensions de l'édifice confirment assez sur ce point les témoignages de l'histoire.

La mosquée de Cordoue est bâtie sur une colline baignée par les flots du Guadalquivir. Malheureusement on n'a pas nivelé le terrain dont l'élévation est de trente pieds sur trois faces et de quarante-deux pieds au midi; de sorte que l'on entre dans le temple, d'un côté en montant plus de trente marches, et de l'autre en descendant quatorze degrés. Le revêtement extérieur est composé de pierres trop petites pour l'immense développement du monument.

Une cour de cent quatre-vingts pieds précède la mosquée; elle est entourée d'un portique majestueux soutenu par soixante-douze colonnes. Quatre fontaines, dont les jets d'eau retombent dans un bassin de marbre, rafraîchissent le milieu du *patio* et répandent une rosée bienfaisante sur les cyprès religieux et sur les citronniers et les orangers odoriférans. Ces beaux arbustes reproduisent les jardins fameux de Sémiramis, car ils sont, à la lettre, suspendus en l'air. Ils reposent sur une vaste citerne dont les voûtes s'appuient sur de nombreuses colonnes.

C'est dans cette cour et sous la tour d'entrée que, selon l'usage des mahométans, les fidèles s'acquittaient des ablutions prescrites par le *Coran*, ouvrage non moins remarquable sous le rapport de l'hygiène que sous celui de la religion, et laissaient aux portes du temple leurs babouches et leurs sandales.

Les auteurs prétendent que la mosquée a été fondée sur l'emplacement d'un temple consacré à Janus; des fouilles récentes et la découverte de chapiteaux romains de divers styles et grandeurs semblent confirmer cette opinion et l'étendent en prouvant qu'il existait au même lieu plusieurs monumens du peuple-roi. Les Mores se servirent probablement de ces matériaux, déjà employés par les Goths pour élever sur la même plate-forme une première cathédrale, car presque toutes les colonnes de marbre sont de dimensions inégales ; elles varient de sept à onze pieds de haut.

Selon M. le comte de Laborde, qu'il faut toujours étudier ou citer lorsqu'il s'agit de l'Espagne, *la mezquita* fut fondée par le roi Abdérame, l'an 170 de l'hégire (ou fuite de Mahomet). D'Herbelot rapporte cette date fixée par l'Arabe Schanah.

L'édifice a 534 pieds de long et 384 pieds et demi de large dans œuvre. 19 nefs de 350 pieds sur 14 s'ouvrent sur la cour que nous avons décrite ; elles sont coupées par un même nombre de nefs transversales. 17 portes couvertes de lames de bronze d'une belle exécution sont percées dans les murs, mais 5 seulement donnent passage aux fidèles. 850 colonnes de jaspe et de divers marbres polychrômes soutiennent les retombées des arcs sur des chapiteaux pour la plupart corinthiens ; si l'on ajoute celles de la tour et du portique, on a pour compte total 1018 colonnes, presque toutes antiques et de la matière la plus riche. Ces colonnes sortent à nu du pavé, et portent une double arcade superposée, la première à vide, à cinq et sept lobes, ou à plein cintre, et la seconde en trois quarts de cercle, avec un tailloir très-saillant, caractère spécial avec les arabesques, comme on le sait, de l'architecture more. Le tout est fermé par un simple plancher artistement assemblé, et des tuyaux de plomb, qui peuvent contenir deux hommes, courent appuyés sur les murs de séparation des nefs.

M. Inglis, voyageur anglais, qui a plus d'*humour* insulaire que d'exactitude, prétend que la fameuse chapelle de Mahomet, fermée et ignorée jusqu'à nos jours, a été découverte accidentellement en 1815 par suite de réparations. Mais c'est une erreur, car cette chapelle a été décrite antérieurement, ainsi que les deux pièces attenant, par M. de Laborde, sous le nom de chapelle de Saint-Pierre.

Ce petit temple, qui porte dans nos lithographies le nom de Villa-Viciosa, par hommage religieux de Philippe V, qui trouva tout à la fois dans cette bataille un lit de drapeaux ennemis et la couronne des Espagnes, ce petit temple et ses annexes est connu à Cordoue sous le nom de *Zancarron* ou sanctuaire du *Coran*. Il est admirablement conservé, et la délicatesse des arabesques, le brillant de l'or, le poli du stuc, la richesse du style et la beauté des marbres, en font un ensemble admirable, mais plus encore sous le rapport de l'élégance que sous celui de la majesté.

M. Murphy, autre touriste anglais, cherchant à déterminer le style de ce temple, certainement plus moderne que celui de *la mezquita*, et qui date du dernier séjour des Mores à Cordoue, s'exprime ainsi dans un ouvrage publié à Londres : « Cet édifice réunit tous les plus beaux spécimens de l'architecture arabe dans l'Egypte, et il diffère incontestablement des différens produits du reste de l'architecture more. Il a été probablement exécuté à l'imitation des palais de Damas et de Bagdad, et il est sans contredit le plus beau modèle du premier des trois genres dans lesquels on divise l'architecture musulmane. »

La mezquita, dans sa forme et son unité primitives, était le monument religieux le plus important de tout l'empire arabe. Cependant la critique pouvait lui reprocher avec raison le peu de hauteur de l'édifice, proportionnée à son immensité (il ne s'élève pas à 40 pieds) ; le dédale de ses nombreuses galeries symétriques et parallèles croisées à angles droits, et le labyrinthe de ses colonnes, en quinconce ; enfin le manque d'un centre auquel toutes les branches de l'édifice fussent rattachées. On aurait souhaité l'érection d'un dôme imposant qui eût frappé la vue au dehors et réuni au milieu de l'édifice intérieur les regards éparpillés, pour ainsi dire, et perdus dans une vaste étendue de détails uniformes. Mais les dômes d'une grande élévation n'entraient point alors dans l'architecture arabe proprement dite. Ils sont propres aux Turcs et postérieurs à leurs rapports avec Constantinople. C'est le chef-d'œuvre d'Anthemius, c'est *Sainte-Sophie*, qui en donna l'idée et le modèle, reproduit aujourd'hui dans toutes les grandes mosquées des sultans à Stamboul, dans l'Égypte et dans l'Asie-Mineure. Les musulmans y ajoutèrent seulement deux, quatre ou six minarets, flèches élancées comme les cyprès de leurs cimetières, et munies de galeries d'où la voix des muezzins appelle les fils du Coran à la prière.

En 1528, les chrétiens voulurent remédier aux défauts de la mosquée de Cordoue, et, par une nouvelle application de l'éternelle vérité empruntée par notre satirique à son devancier latin :

> Souvent la peur d'un mal nous conduit dans un pire,

on déforma entièrement l'admirable *Mezquita*.

Le chapitre, malgré l'opposition éclairée de l'alcade et de l'ayuntamiento de la ville, obtint du roi la permission de construire une église dans le centre de l'édifice. Au lieu de choisir la forme d'un dôme s'élevant en octogone sur la base carrée des nefs, comme le Saint-Sépulcre et la mosquée d'Omar à Jérusalem, on bâtit une basilique avec nef et chœur, d'un style disparate, en englobant dans la maçonnerie pleine les colonnes, et en remplissant l'intervalle des galeries par des murs qui arrêtent la vue et coupent les lignes.

Enfin on éleva sur le côté une belle tour isolée, de 50 pieds sur chaque face et d'environ 250 pieds de haut, terminée en petite coupole comme la *Giralda* de Séville, percée de fenêtres ornées de cent colonnes de marbres, hors-d'œuvre brillant et sans parallélisme.

On remarque dans cette église le maître-autel et les autels des chapelles de Sainte-Agnès et de la Conception, des tableaux, des statues et des fresques dans le chœur et les chapelles du *Sacrario*, de la Confession et de Saint-Paul. Mais, malgré ces richesses de détail, la nouvelle construction forme un antagonisme perpétuel avec l'ancien édifice, et alors que les deux peuples ennemis dorment depuis long-temps dans leurs tombeaux, la guerre continue encore entre eux dans la cathédrale de Cordoue.

HÔTEL DU SAUMON,

A MALINES.

N° 74.

Malines est une grande et ancienne ville des Pays-Bas, royaume de Belgique. Son nom flamand *Mechelen,* autrefois *Machelen,* dérive, selon Windelin, du nom de *Machelen* que les Francs donnaient aux lieux où étaient déposés les magasins de vivres. D'autres auteurs font venir cette appellation de *maris linea,* limite de la mer dont se serait formé l'ancien mot latin de *Malina.* Ces étymologies et beaucoup d'autres sur la même ville, dont je fais grace à mes lecteurs, me semblent de vrais jeux de mots qui prouvent que les *rebus,* même en grammaire, datent de loin.

Il est certain du moins que cette ville était fondée au viiie siècle, car il existe un acte de donation délivré à Paris, le 22 août 753, par Pépin, en faveur d'un sien parent, et dans lequel Malines est nommée et géographiquement désignée.

Elle était composée de cabanes de pêcheurs groupées autour d'un monastère, lorsqu'en 775, le 24 juin, le frère Rombaut y fut martyrisé. Cette époque est assez importante localement; car, par une singularité que je rappelle, les habitans de Malines dataient leurs actes de la mort du saint. On avait le même usage pour les commémorations lapidaires. Ainsi une inscription qui consacre la restitution de quelques tableaux pris par nos armées dans les guerres de la révolution se termine ainsi :

Grati restituerunt œditui
Anno post Christum natum
1825
A martyrio sancti Rumoldi
1050.

Malines fut entourée de murailles sur la rive gauche de la Dyle, en 897, et sur la rive droite, à la fin du xe siècle.

Son histoire présente des particularités qui ne sont pas sans intérêt pour les constitutions politiques du moyen âge. Cette cité appartint d'abord pour moitié à la noble famille de Berthaut et à l'évêque de Liége; puis, par vente, au duc de Brabant et au comte de Flandre qui tenaient en fief cette seigneurie de souverains différens. Cette complication amena des différends et des guerres dont le récit ne peut entrer dans cet ouvrage analytique et spécial. Enfin, Malines fut dévolue, en 1357, par le traité d'Ath, à la comtesse de Flandre, et passa, en 1369, par le mariage de Marguerite, fille de Louis de Mâle, avec Philippe de France, dit le Hardi, sous la domination de la puissante maison de Bourgogne. Après la mort de

Charles-le-Téméraire, les Pays-Bas appartinrent à la maison d'Autriche par le mariage de l'archiduc Maximilien avec Marie de Bourgogne. Enfin, en 1555, lorsque Charles-Quint abdiqua la souveraineté de ses vastes états en faveur de son frère et de son fils, Malines, devenue espagnole, fut soumise à Philippe II.

Cette ville fut successivement désolée par divers fléaux. En 1342, la foudre tomba sur une porte servant de magasin à poudre qui sauta et détruisit 300 maisons, plusieurs églises, et tua ou blessa mille personnes. Enfin des pestes, des inondations et des siéges dévastèrent la malheureuse cité. On peut en voir les dates dans les annalistes locaux.

Malines est aujourd'hui une ville d'environ 25,000 habitans, située sur la Dyle, démantelée depuis 1804, et siége d'un archevêché et d'une sous-préfecture. Les rues sont en général larges et bien percées. Les maisons, au nombre de 5000, sont en brique, du style espagnol, à pignons, avec assises en retraite, d'une architecture originale et pittoresque dont *l'hôtel du Saumon* peut donner une idée assez exacte.

Le monument le plus important de cette cité est la cathédrale sous le vocable de Saint-Rombaut (Romboot en flamand), commencée à la fin de XIIe et terminée dans les dernières années du XVe siècle. C'est un édifice immense, en forme de croix, avec nefs, bas-côtés et chapelles. La grande voûte du chœur, d'un gothique plus élégant que l'église, a été fermé en 1451.

Plusieurs conciles et chapitres de la Toison-d'Or se tinrent dans cette cathédrale. On y remarque la chaire, le maître-autel en marbre et la châsse de saint Rombaut, donnée par deux archevêques; le jubé placé à l'entrée du chœur en 1672; les deux autels de Notre-Dame et de Sainte-Anne, construits en 1699, posés en 1715, et les deux portiques, par lesquels on pénètre dans le sanctuaire. Tous ces ouvrages sont de marbre blanc et d'un riche travail.

L'église renferme aussi un grand nombre de monumens funéraires également en marbre et habilement sculptés. Le mausolée des *Berthaud* porte cette inscription :

TRIUM BERTHOLDORUM
QUI SÆCULO DECIMO TERTIO
MACKLINIÆ DOMINARUNT
HIC ULTIMA DOMUS.

Dernière demeure des trois Berthaud, qui furent seigneurs de Malines au XIIIe siècle.

Parmi les mausolées des archevêques, tous précieux par la matière et la main-d'œuvre, je citerai ceux d'*André Cruesen* et de *Humbert Guillaume*. Les deux devises extraites de l'Écriture sainte, que l'on y a gravées, me semblent si bien appropriées à leur emploi que je les rapporte, d'autant plus qu'elles sont très courtes.

ET NUNC
QUÆ EST
EXSPECTATIO MEA?
NONNE DOMINUS?

Et maintenant quelle est mon attente, si ce n'est le Seigneur ?

———

NON IN GLADIO,
SED IN NOMEN DOMINI.

C'est dans le nom du Seigneur, et non dans le glaive que je mets ma confiance.

Les tableaux répondent aux statues et font de cette basilique un véritable musée religieux. On y trouve, entre autres, un ouvrage capital de Van-Dyck, Jésus entre deux larrons, avec la Vierge et saint Jean au pied de la croix; un tableau de Jean Van-Eyck de Bruges, inventeur de la peinture à l'huile, et une foule de productions des premiers maîtres flamands.

On conserve soigneusement dans les archives le procès-verbal d'un chapitre de la Toison-d'Or, présidé le 24 mai 1491 par Philippe d'Autriche, dans lequel furent admis un assez grand nombre de chevaliers dont les noms sont inscrits en français.

Voici les titres de quelques uns des anciens chevaliers et des nouveaux élus, qui sont assez curieux aujourd'hui pour l'histoire et la géographie. Ils sont en français dans l'original.

MAXIMILIEN D'AUSTRICE, EMPEREUR;

HENRI VII, ROY D'ENGLETERRE S^r D'HIRLANDE;
PHILIPPE D'AUSTRICE, COMTE DE CHARLOIS;
PHILIPPE DE SAVOIE, COMTE DE BAUCAY ET DE BRESSÉE;
JEHAN, DUC D'ALENSON II DU NOM;
ANTOINE, BATARD DE BOURGOIGNE, ETC., ETC.

Voici les motifs de la sentence d'un chevalier qui fut déchu comme indigne:

« *Pource que mess. Jacques de Savoye, comte ce Ramont, adjourné par lettres de*
« *tres haut, excellent et très puissant Maximilien, par la grâce et clémence de Dieu,*
« *roy des Romains, tousjours Auguste.... mons. Philippe, par la même grâce, archiduc*
« *d'Austrice, duc de Bourgoigne, de Lothier, de Brabant, et chief et souverain dudit*
« *ordre, il s'est armé, et a, de son aucthorité privé* (sic), *porté les armes contre le roy*
« *et mondit fils, leur a fait la guerre, et commis plusieurs autres cas, délits repro-*
« *chables..... dignes de chastiment....., et a vengeance a Dieu.* »

Ainsi le comte de Ramont était pour le même fait déshonoré à Malines et glorifié à Paris. Les actes politiques sont toujours et partout médailles à deux faces!

La tour est placée au milieu de l'entrée principale de l'église de Saint-Rombaut et supportée par l'ogive qui sert de porte. On lui suppose 348 pieds de haut; je pense qu'il faut les réduire à 300 pieds. C'est encore, soit comme square absolu, soit comme galerie d'où s'élèveraient des clochers, le carré le plus élevé de l'Europe. La plate-forme, d'où s'élance à 437 pieds la flèche de Strasbourg, n'a que 202 pieds de haut. Notre-Dame de Paris n'en a que 204. La tour de Malines, commencée en 1382, n'a pas été achevée. J'ai dans mes cartons le dessin de la campanille entière; c'eût été un merveilleux ouvrage de filigrane en pierre, plus élevé et plus délicat encore que la tour d'Anvers si admirable elle-même. Les assises des murs et des contreforts saillent encore irrégulièrement de nos jours au dessus de sa galerie.

Mais, hélas!

................: *Pendent opera interrupta!*

Cette tour présente une originalité qui la fixe dans la mémoire du voyageur, même le plus distrait. Au dernier étage, sur les quatre faces, un cadran à jour et doré, de l'énorme diamètre de 48 pieds, annonce de loin aux habitans et aux cultivateurs des environs l'heure du travail, du repos et de la prière.

On comptait autrefois à Malines un grand nombre d'édifices religieux, dix couvens d'hommes et douze communautés de femmes. Il reste aujourd'hui cinq ou six églises dont les plus importantes sont Notre-Dame, reconstruite au xve siècle, et la nef du Béguinage, terminée en 1674, qui a 216 pieds de long, 119 de large et 73 de haut. Dans toutes ces églises on trouve des tableaux de prix et entre autres des Rubens fort estimés. A Saint-Jean on admire un triple tableau à volets de ce maître, représentant au centre l'adoration des Mages ; sur le compartiment de gauche, la décollation de saint Jean-Baptiste, et sur celui de droite, le martyre de saint Jean l'évangéliste (1). Des comptes gardés avec soin dans la sacristie nous apprennent que cet immense travail n'a coûté que dix-huit jours à l'artiste créateur, et qu'il lui fut payé à raison de 1800 florins de Brabant.

Rubens, modestie à part, rendait justice à ces compositions, et il avait coutume de dire : *C'est à Saint-Jean de Malines qu'il faut aller si l'on veut voir de mes beaux ouvrages.*

Malines a dû sa fondation à un martyre, son accroissement à un archevêché, et aujourd'hui les chemins de fer de Belgique, réseau dont elle est le centre, compléteront sa prospérité. Les touristes anglais iront en foule manger ses gâteaux dont ils sont très friands ; les voyageurs des autres nations admireront ses musées, et si le hasard conduit quelques Français du Midi dans cette cité, surnommée *la Propre,* ils penseront à leurs villes immondes, et le contraste ne sera peut-être pas perdu au retour dans leurs foyers.

CLOITRE DE LA CATHÉDRALE

A GIRONNE.

N° 75.

La ville de Gironne, en latin *Girunda,* en espagnol *Gerona,* est une cité célèbre de la Catalogne, province la plus civilisée, la plus commerçante et la plus industrieuse de la

---

(1) Au dessus de la Table des Sacrifices, sont cinq autres tableaux plus petits, exécutés par la main puissante du même peintre avec la délicatesse d'une miniature.

Péninsule Ibérique, si l'on en excepte la Biscaye. Ces deux contrées doivent cet avantage moins encore à la mer qui baigne leurs côtes qu'au voisinage de la France. Faisons des vœux pour que la guerre civile qui les dévaste se termine, et que des relations si utiles aux deux nations soient enfin rétablies.

Gironne, aujourd'hui démantelée en partie, est traversée par le Ter et bâtie aux pieds et sur les flancs d'une montagne entourée de plusieurs hauteurs couvertes des forts du Connétable, des Capucins et de la Reine. La ville, garnie autrefois d'une enceinte de tours et de bastions, a soutenu divers siéges célèbres et cueilli pendant plusieurs siècles des lauriers arrosés de sang.

Fondée par les Romains, elle ne conserve pas de traces historiques et matérielles de cette antique origine, quoi qu'en dise le père Roig dans son ouvrage publié en 1673, et qui n'est qu'un tissu de fables. Mais elle apparaît d'une manière certaine dans les chroniques, dès le temps des Goths et des Wisigoths. En 787 elle appartenait aux Mores et fut livrée par les chrétiens à Louis, roi d'Aquitaine, fils de Charlemagne. En 1462, elle reçut la reine d'Aragon et son fils, qui furent délivrés par le sire d'Albret, à la tête d'une armée française, des attaques du comte de Pallas, qui commandait les rebelles. Gironne, qui donnait alors son titre au prince royal, prouva noblement ainsi sa fidélité.

En 1656 et 1694 elle fut prise par des armées françaises; en 1705 elle se déclara contre Philippe V pour l'archiduc d'Autriche, élu roi sous le nom de Charles III; mais elle fut soumise par le duc de Noailles, en 1711, à son prince légitime.

Enfin, en 1808 et 1809, elle soutint, contre une armée commandée par le maréchal Suchet, un siége terrible de neuf mois qui rappela le courage des guerriers de Sagonte dans les Espagnols, et celui des Romains de la part des assiégeans. Lorsque la place se rendit, sept brèches étaient praticables, et la garnison de 14,000 hommes était réduite à 4,000 seulement.

Gironne est aujourd'hui une ville ouverte, d'une forme triangulaire, dont les rues sont étroites, tortueuses et inclinées, mais présentent quelques belles maisons. On y compte 15,000 âmes, cinq paroisses, douze couvens, un collége, un séminaire et deux hôpitaux.

Le cloître reproduit dans cet ouvrage est attenant à la cathédrale; c'est un parallélogramme allongé, soutenu par deux colonnes aux extrémités, et dans le centre par quatre colonnes placées sous un même tailloir et couronnées de chapiteaux pour la plupart corinthiens et romans, avec des têtes d'hommes et des animaux fantastiques. Sans être aussi élégant que les cloîtres de la cathédrale, à Tarragone, et de San-Pablo, à Barcelone, dont il rappelle la facture, cet édifice est majestueux et impose par sa masse et sa régularité.

La cathédrale, à laquelle on parvient par un escalier de 86 marches et trois terrasses décorées de balustrades, présente une façade formée des trois ordres, dorique, corinthien et composite, et ornée de deux belles tours carrées à la base et hexagonales dans les derniers étages.

L'église, dont l'intérieur est gothique et dont le style contraste avec celui du portail, est élevée et se compose d'une nef, de bas-côtés et de chapelles. On y remarque les tombeaux de Raymond-Béranger, comte de Barcelone, et de sa femme Ermesinde, morte en 1058.

D'après une inscription à demi effacée, mais rétablie par Léon Bermudez, cet écrivain pense que la cathédrale a été fondée par Wifred en 914; d'autres auteurs croient, avec plus de vraisemblance, que sa construction date de 1117. Gironne possède une autre église très-belle; c'est la collégiale de Saint-Feliu, auparavant Sainte-Marie *extra muros,* à trois nefs ogivales, et ornée sur la façade d'une ancienne et haute tour. On y a déposé, dans la chapelle fondée par l'évêque Lorenzana, le corps de saint Narcisse dont la châsse est d'un travail estimé. Une autre construction, qui mérite d'attirer l'attention des étrangers, est *la Casa de los Baños,* ou Maison de Bains, bâtie et employée pour cet usage par les Mores. Cet édifice est un petit dôme octogone qui prend ses jours par les arcades surbaissées de l'attique et de la coupole, comme presque tous les *santons,* mausolées et bains musulmans, dont le type se trouve en si grand nombre à Damas. Les peuples passent, leurs édifices restent, et témoignent de leur gloire et de leur génie à la postérité. On devrait ne pas l'oublier dans les monumens publics si mesquinement conçus et exécutés de nos jours !

ABSIDE DE NOTRE-DAME

A PARIS.

N° 76.

Notre-Dame est une vaste et noble basilique gothique; cependant il faut avouer qu'elle ne répond pas suffisamment au titre d'église métropolitaine du royaume. Napoléon le reconnaissait lui-même, et dans le *Mémorial de Sainte-Hélène* il regrette que le premier temple de Paris ne soit digne ni de la cité, ni du saint-père qui vint la visiter, ni du souverain qui devait y être sacré.

En effet, Notre-Dame n'a pas été terminée, et de plus elle a perdu une partie des ornemens qu'elle a possédés. Ce n'est pas le temps, tout rongeur qu'il soit, c'est la main des hommes, plus destructive encore, qui les lui a ravis.

Ainsi les onze degrés, socle magnifique d'où s'élevait avec majesté la façade, ont été recouverts par l'élévation du terrain; la porte du milieu a été déshonorée, en 1772, par Soufflot, criminel au premier chef, en ce point, de *lèze-monument;* les statues des entrées principales et latérales ont été enlevées; les 28 effigies des rois de France, de 14 pieds de haut, ouvrage du xiiie siècle, qui décoraient la galerie inférieure, ont été renversées; les tours n'ont pas été achevées et sont d'une pesanteur écrasante; le saint Christophe a été détruit comme à Auxerre; les vitreaux sont brisés; le chœur est modernisé par Louis XIV; les voûtes vénérables sont fardées d'un ignoble badigeon comme les joues ridées d'une vieille coquette; l'aiguille gracieuse qui s'élançait vers le ciel à l'intersection de la croix a été abattue en 1787; en un mot, l'antique basilique a été mutilée et violée avec frénésie par des iconoclastes grossiers ou des hommes de goût plus barbares encore! Notre fabuliste a dit :

Rien n'est plus dangereux qu'un imprudent ami,
Mieux vaudrait un sage ennemi.

Eh bien! amis et ennemis, successivement, tous se sont acharnés sur la vénérable église et l'ont frappée ou restaurée sans pitié!

Heureusement un homme de génie, Victor Hugo, a vengé les arts, les souvenirs, l'histoire, le goût, et réparé les torts du passé en élevant de nos jours à la gloire de Notre-Dame un impérissable monument! Les architectes avaient construit un temple de pierre; nouveau Prométhée, il lui a donné l'âme, les sensations, la voix et la vie. La basilique tombera sous le poids des années, ou sous les révolutions politiques, mais *Notre-Dame* est immortelle maintenant.

C'est dans Victor Hugo qu'il faut étudier et connaître cette noble église. Je renvoie mes lecteurs à son œuvre; malheureux d'être obligé de remplacer ici un corps plein de mouvement, palpitant de souvenirs, d'émotion et de poésie, par le squelette poudreux et décharné de l'archéologue.

On suppose que Notre-Dame a été fondée vers la fin du iiie siècle sur les ruines d'un temple de Jupiter, rétablie ou agrandie en 555 par Childebert, dévastée en 875, conservée par des réparations successives jusqu'en 1114, et enfin détruite presque en totalité à cette époque. L'évêque Maurice de Sully commença en 1123 l'édifice actuel, dont on présume que le pape Alexandre III posa la première pierre; le maître-autel fut consacré en 1181 par le légat apostolique, le grand portail achevé sous Philippe-Auguste en 1223, le portail méridional entrepris en 1357 par un maître-maçon nommé Jean de Chelles, et on travaillait encore aux chapelles dans le xive siècle; ainsi trois cents années furent employées à l'édification du monument.

La façade, composée de deux tours réunies par une galerie horizontale, présente 120 pieds de développement. Les tours ont 40 pieds de large sur 204 pieds 3 pouces de haut; la longueur de l'église dans œuvre est de 390 pieds; sa largeur entre les croisées est de 144 pieds, sa hauteur sous voûte de 104 pieds et sous le faitage de 137 pieds 1/2. Le comble est soutenu par une charpente de châtaignier, connue sous le nom de *forêt*, de 37 pieds de large sur 30 de haut et couvert par 1236 tables de plomb, dues à la magnificence du cardinal de Noailles. Elles sont longues de 10 pieds chacune, larges de 3, épaisses de 2 lignes et pèsent 420,240 livres.

La façade est percée de trois portes; celle du milieu représente sur le tympan des scènes du jugement dernier; celle de droite dite de *sainte Anne*, la naissance de Notre-Seigneur;

celle de gauche dite de la *sainte Vierge*, la mort de Marie et son couronnement; toutes les voussures sont enrichies de Prophètes, Pères de l'Église, Chérubins, encadrés entre des dais et des consoles; mais les grandes statues placées sur les parois latérales ont été brisées par le marteau de Vandales.

Trois galeries superposées forment le grand parallélogramme quadrilatéral; la plus basse est nommée galerie *des Rois*, la seconde de *la Vierge*, et la troisième *des Colonnes*.

Les portails des transepts et la porte Rouge, spécialement attribuée autrefois aux chanoines pour le service du soir, réclament aussi l'examen et l'étude. Nous renvoyons pour les détails à l'ouvrage spécial publié sur *Notre-Dame* par M. *Gilbert*, homme aussi instruit que modeste.

L'intérieur de l'édifice présente une grande nef, deux sous-ailes et deux bas-côtés. Outre les 32 chapelles, l'église est soutenue par 120 gros piliers ou colonnes, éclairée par 3 grandes roses à vitraux de 40 et 42 pieds de diamètre, et cent treize verrières. Le chœur, pavé en marbre, a 115 pieds de long sur 35 de large; le maître-autel contient des reliefs estimés; on remarque aussi le *vœu de Louis XIII*, groupe de marbre, par Guillaume Coustou et Antoine de Coysevox; le mausolée du comte d'Harcourt, par Pigalle; d'Albert de Gondi, maréchal de France, de Pierre de Gondi, du cardinal du Belloy, par M. Desseinne; la statue de la Vierge, par Antoine Raggi; les grilles et les boiseries du chœur, les ferrures des grandes portes et les tableaux de Jouvenet, Philippe de Champagne, Coypel et autres maîtres français.

La plate-forme que l'on aperçoit dans la lithographie au dessus de l'arête du toit, est celle de la tour du midi qui renferme le bourdon, du poids de 32,000 livres; pour le sonner à grande volée, il faut les efforts de 16 hommes réunis. On remarque une table octogonale et une légère saillie au centre de la croix; c'était la base d'une aiguille légère non rétablie. Nous aussi, nous nous écrierons avec Victor Hugo : « Qu'a-t-on fait de ce charmant petit « clocher qui, non moins frêle et non moins hardi que sa voisine la flèche (détruite aussi) « de la Sainte-Chapelle, s'enfonçait dans le ciel plus avant que les tours, élancé, aigu, so- « nore, découpé à jour? Un architecte de bon goût (1787) l'a amputé, et a cru qu'il suffi- « rait de masquer la plaie avec ce large emplâtre de plomb qui ressemble à une marmite? » Le bâtiment à gauche de l'édifice était le point d'attache de l'archevêché à la cathé- drale. On le démolit en ce moment : il serait à souhaiter que le palais du prélat fût placé près de la métropole, et que le projet de le rétablir vers la rue Perpignat fût exécuté. C'est de haute convenance autant que d'utilité pour l'accomplissement du service religieux. Puis- que la destruction de l'archevêché et du jardin ont changé le terrein en promenade publique, il serait bien aussi de niveler le vaste espace surhaussé récemment par les décombres, d'y pla- cer des fontaines gothiques, et d'enrichir d'une arcature et de décorations ogivales la saillie semi-circulaire en muraille lisse dans laquelle est placée la statue de la Vierge, et mieux encore, de rétablir la fenêtre primitive en décorant une chapelle du chef-d'œuvre de Raggi.

Les deux tours de la façade sont massives; celle du nord est plus large que sa sœur du midi; en outre, évidemment elles ne sont pas terminées; tous les hommes de goût le recon- naissent; le nivellement des onze marches augmente encore la pesanteur primitive du monument, il serait à souhaiter que l'on remédiât à ce mal universellement avoué en élevant ces tours d'un autre étage. Ce serait chose facile : on continuerait les clochetons des angles, que l'on rattacherait par des accolades à un octogone central comme à St.-Ouen, ou à la cathédrale de Rouen (tour de Georges d'Amboise) et à Sainte-Croix d'Orléans; on terminerait les plates-formes par une couronne à fleurons, à moins que l'on ne préférât élever encore une flèche barbelée à huit pans au dessus de la galerie nouvelle, comme à Chartres, clocher neuf. Si l'on rétablissait aussi la flèche hardie et déliée, au centre de la cathédrale, et la pointe si délicatement aiguë de la Sainte-Chapelle dont l'église d'en bas servirait de succursale à Notre-Dame et celle d'en haut de temple au Palais-de-Justice, la perspective aérienne de Paris deviendrait beaucoup plus riche et plus légère.

« *L'île de la Cité, qui est faite*, dit Sauval, *comme un grand navire enfoncé dans la vase* « *et échoué au fil de l'eau dans la Seine*, » reprendrait sa forme allégorique empruntée peut-être au mythe obscur du navire d'Isis. Quatre mâts légers élèveraient alors leurs flèchelles dans la nue, et sembleraient attendre que l'on rompît les énormes amarres des ponts qui les retiennent à la Grève pour descendre le fleuve et porter jusqu'à l'Océan la vieille Lutèce et le jeune Paris.

CHAPITEAUX DE SAINT-GERMAIN-DES-PRÉS

A PARIS.

N° 77.

Dans la première partie de cet ouvrage, j'ai consigné de justes plaintes sur l'ignoble entourage dont on a masqué pendant la révolution la vénérable basilique de Saint-Vincent, aujourd'hui Saint-Germain-des-Prés. D'autres artistes, dont les réclamations ont plus de gravité que la mienne, ont fait entendre aussi leur voix indignée; mais tout a été inutile. Non seulement l'administration n'a racheté aucune habitation privée pour éclairer et isoler au moins les deux portails latéraux, mais encore elle a laissé bâtir récemment de nouvelles maisons particulières dans la rue dite de l'Abbaye. Les journaux s'en sont émus, mais les autorités sont restées impassibles, et le mal est consommé et définitif; car à Paris surtout on ne veut plus le réparer lorsqu'on n'a pas su le prévenir.

Saint-Germain est environné de tous côtés maintenant, sauf le porche étroit placé sous le haut clocher de la façade principale, construction qui, renforcée avec barbarie par d'énormes contreforts lisses et une maçonnerie plate sans arcature, afflige les yeux de tout ami des arts.

Pour nous soustraire à cette triste vue, entrons donc rapidement sous le porche obscur et écrasé, dépouillé de ses huit statues de grandeur naturelle, si curieuses pour l'histoire de l'art, et représentant, à gauche, saint Germain revêtu de ses habits pontificaux, Clovis tenant son sceptre surmonté d'un aigle, Clodomir, et Clotilde, la sainte épouse du plus grand roi chevelu ; à droite, Chilpéric, Ulthrogothe, Clotaire et Childebert vainqueur des Visigoths, et qui avait rapporté de Tolède, disait-on, le plan de la première basilique de Saint-Vincent. Arrêtons-nous pour examiner avec soin le bas-relief placé au dessus de la porte, représentant la Cène de Jésus et de ses apôtres, afin d'étudier la sculpture dans le vi^e siècle, époque à laquelle on attribue, non sans quelque raison, cet antique monument.

Après avoir pénétré sous la voûte un peu sombre de l'orgue, et contemplé la majesté du temple dont les colonnes se profilent gravement et symétriquement jusqu'à l'abside, si nous jetons les regards sur le premier chapiteau de droite, nous y reconnaissons un des sujets de notre lithographie, l'animal qui semble en mordre un autre plus petit, et nous retrouvons dans la nef, plus ancienne que le reste de l'édifice, tous les autres motifs reproduits ici par le crayon de M Chapuy.

Ces chapiteaux, dont les personnages et les bêtes ont les formes les plus grossières et les plus incohérentes, portent évidemment le cachet du temps où ils ont été sculptés, et ils me semblent, après un second examen, avoir été respectés dans la restauration ou plutôt la mutilation des deux derniers siècles. Les feuillages eux-mêmes ont un caractère *sui generis* qu'il serait très important d'étudier, s'il l'on était sûr qu'ils n'ont pas été altérés.

En avançant dans le temple, nous passons devant la chaire, monument estimable, en marbre, avec figures en bronze, dont les dessins ont été donnés par M. Quatremère de Quinci. Mais cette chaire, convenablement placée (en effaçant toutefois les couleurs des draperies) à Saint-Sulpice, Saint-Roch, ou toute autre église moderne, forme un contraste par son style classique avec le caractère gothique de Saint-Germain-des-Prés. La fabrique devrait bien la céder et la remplacer par une chaire dans le genre de celle de Strasbourg, Fribourg, ou toute autre de même nature. Mais je ne l'espère pas : malgré son désaccord flagrant avec l'édifice, la chaire est en place, et c'est *sa raison suffisante* pour y rester.

Les deux bras de la croix, dans lesquels on remarque le mausolée de Casimir, roi de Pologne, mort abbé de Saint-Germain, ont été retouchés par les architectes Leveau, Gonnard, Gitard, ou consorts. Les grandes fenêtres géminées latérales, bien que gâtées, surtout au dehors, ont conservé heureusement au dedans un faux air de ressemblance avec le style général. Mais les maisons interceptent le jour et la vue du firmament, semblent empêcher la prière de monter jusqu'au ciel, et la tiennent captive au milieu des murailles de nos habitations terrestres.

Le maître-autel est placé fort en avant du chœur et des stalles de bois sculpté. C'est au dessus de ces siéges que se trouvent les deux chapiteaux copiés dans la planche N° 6 de la première partie de ce recueil. Dans les dernières restaurations de l'église, ils ont été moulés avec soin et refaits avec scrupule. Ces deux chapiteaux sont d'un autre style que ceux de la nef, ils appartiennent au style Byzantin, plus moderne. Les oiseaux, en cordon autour des colonnes, ou sur les voussures des portes, sont un des types de cette ornementation. Quant aux lions, ils représentent une spécialité : leurs ailes, au lieu d'être attachées sur le dos, comme au lion de saint Marc, par exemple, aux sphinx, griffons et chimères, enveloppent le haut des jambes qui, dans le caprice du sculpteur, semblent destinées tout à la fois à la marche et au vol. Ces remarques nouvelles sembleront minutieuses peut-être, mais elles sont des faits, et on a le bon esprit d'en composer uniquement aujourd'hui les bases de la science archéologique.

On verra aussi que la galerie qui soutient les fenêtres du chœur supporte une architrave plate, soutenue par une seule colonne. C'est une autre singularité à noter, car les chapiteaux et les fûts me semblent anciens, de la distance où je suis placé.

Je ne puis m'empêcher, en quittant Saint-Germain-des-Prés, de donner un dernier regret aux deux clochers latéraux, si inhumainement décollés jusqu'à la hauteur de l'église. On devait les rétablir plus légers, disait-on; mais cette décapitation continue d'affliger les artistes et les amis du pittoresque et de l'histoire en monument. Pour donner plus de force à mes plaintes, je reproduis ici la description éloquente de l'*Abbaye aux trois clochers*, extraite du chef-d'œuvre de Victor Hugo.

« On distinguait (du haut des tours de Notre-Dame) l'enceinte quadri-latérale de la foire
« Saint-Germain, où est aujourd'hui le marché; puis le pilori de l'Abbé, jolie petite tour
« ronde, bien coiffée d'un cône de plomb; la Tuilerie était plus loin, puis la rue du Four,
« qui menait au four banal; le moulin sur la butte, et la Maladrerie, maisonnette isolée et
« mal vue.

« Mais ce qui attirait surtout le regard et le fixait long-temps sur ce point, c'était l'Abbaye
« elle-même. Il est certain que ce monastère, qui avait une grande mine, et comme église
« et comme seigneurie, ce palais abbatial, où les évêques de Paris s'estimaient heureux de
« coucher une nuit, ce réfectoire auquel l'architecte avait donné l'air, la beauté et la splen-
« dide rosace d'une cathédrale; cette élégante chapelle de la Vierge, ce dortoir monumen-
« tal, ces vastes jardins, cette herse, ces ponts-levis, cette enveloppe de créneaux qui entaillait
« aux yeux la verdure des prés d'alentour, ces cours où reluisaient des hommes d'armes
« mêlés à des chapes d'or, le tout groupé et rallié autour des *trois hautes flèches* à plein-
« cintre, bien assises sur un abside gothique, faisaient une magnifique figure à l'ho-
« rizon !! »

ARMURE DE FRANÇOIS IER,

CONNUE SOUS LE NOM D'*ARMURE AUX LIONS*, ETC.

N° 78.

BASSIN DU COMMERCE

A GAND.

N° 79.

Gand, autrefois capitale du comté de Flandre, aujourd'hui chef-lieu de la Flandre orientale, est une grande ville, au confluent de l'Escaut et de la Lys, bâtie dans une vaste plaine
où viennent encore se réunir la Lième et la Moër et les canaux de Bruges et du Sas-de-Gand.
Ces rivières divisent la cité en 26 îles, reliées par près de 300 ponts. On y compte 8 portes,
13 places publiques, 10,000 maisons et 70,000 habitans. Sa forme est triangulaire, et son
enceinte de près de trois lieues. Ainsi le jeu de mots si célèbre de Charles-Quint : « Je mettrais
» tout Paris dans mon Gand, » était littéralement vrai ; car le Paris muré de François Ier n'avait
guère que 4,800 toises, un peu moins de deux lieues et demie de tour.

On attribue, sans preuves certaines, à Jules-César, la fondation de Gand. Ses habitans
étaient connus sous le nom de *Gorduini*. Les Vandales, qui y remplacèrent les Nerviens,
l'appelèrent *Wanda*, d'où dérivent *Ganda*, *Gandavum*, *Ghent* en flamand, et *Gand* en
français.

Personne n'ignore les destins de cette ville célèbre au moyen-âge, sa corporation de
métiers, l'importance de ses fabriques et de sa population montant à plus de 200,000 ames,
son association avec Bruges, Ypres, et ses guerres avec les Français, ses soulèvemens contre
le duc Louis de Mâle et les ducs de Bourgogne, ses alliances avec l'Angleterre, sa haine
contre Louis XI, qui empêcha le mariage du Dauphin avec la fille de Charles-le-Témé-

raire ; enfin, la part de Gand dans toutes nos guerres d'alors pour ou dans les Pays-Bas. Mais la figure historique la plus haute, au milieu de tous les personnages du temps, est celle d'*Artevelde*, brasseur prince, comme Médicis, marchand souverain, et dont la vie présente des traits admirables de courage et de patriotisme, que le talent de M. de Barante a su mettre en relief pour la première fois peut-être.

L'histoire européenne de Gand se termine en 1815, alors que Louis XVIII s'y retira pendant les cent jours. Cette ville prit peu de part au mouvement révolutionnaire, en 1831, contre les Hollandais, et reçut l'impulsion de Bruxelles. Les annales spéciales de Gand sont toujours intéressantes, cependant, par ses progrès dans les arts et les manufactures, ses travaux de navigation intérieure, et la création de sa portion, aujourd'hui livrée au public, du chemin de fer qui traverse toute la Belgique.

Les deux principaux édifices sont la cathédrale et l'hôtel-de-ville.

La cathédrale, dédiée d'abord à saint Jean-Baptiste, puis à saint Bavon qui prêcha le premier l'Évangile dans la contrée, fut commencée en 941. Consumée par la foudre en 1641, elle fut immédiatement rétablie dans son état actuel. Ogivale, en croix latine, elle est vaste et élevée. On y pénètre par un portail ouvert sous la grande tour haute d'environ 250 pieds, fondée en 1462, non achevée, et placée au milieu de la façade. Les décorations intérieures sont d'une grande richesse. Le chœur, entouré d'un mur trop massif, est exhaussé sur douze degrés de marbre, fermé de cinq portes de cuivre habilement travaillées, et orné de stalles en bois d'acajou. Le maître-autel, le plus beau des vingt trois autels que l'on compte dans ce temple, est également de cuivre doré et accompagné des statues de deux évêques en marbre blanc. La chaire et les bas-côtés sont incrustés de marbre alternativement blanc et noir. On remarque encore dans cette église de superbes mausolées, de bons tableaux et une crypte curieuse.

L'hôtel-de-ville est un vaste édifice formé de la réunion malheureuse de deux bâtimens d'un style entièrement opposé, mais beaux isolément. L'un, gothique, construit en 1481 ; l'autre, moderne, construit de 1600 à 1620. Près de ce monument s'élève le beffroi, tour carrée, terminée par une galerie, quatre clochetons en bois et un toit quadrangulaire à campanille, surmonté d'un dragon en cuivre doré envoyé de Constantinople par Baudoin IX, comte de Flandre, comme un trophée de la croisade. On compte trois cents marches pour atteindre la charpente et la cloche nommée *Roeland*, qui pèse onze mille livres.

Le bassin du commerce est presque au centre de la ville et sur un des nombreux canaux qui la traversent ; sa largeur fait valoir les maisons pittoresques à pignons, assises sur les quais dont il est environné. L'église que l'on aperçoit à droite est celle de Saint-Michel, ornée de 13 autels, richement décorés de marbre et de tableaux. On y voit le fameux *crucifiement de Jésus-Christ* par Van Dyck, dont la plus belle copie est à Tolède, comme nous le remarquerons plus tard. La tour placée aussi sur le milieu de la façade est lourde et incomplète ; c'est un soubassement veuf de sa pyramide.

Les autres édifices de Gand sont Saint-Pierre, ancienne église abbatiale de bénédictins, fondée en 610, et reconstruite en 1722 dans le style classique. Ce monument en croix la-

tine, qui supporte un dôme d'heureuses proportions, placé sur une hauteur, est un des ornemens du panorama de la ville. Saint-Nicolas, autre paroisse gothique, est surmonté d'une
haute tour placée à l'intersection de la croix et décoré des statues des douze apôtres, de 23
autels d'un riche travail et brillans de marbres. Saint-Jacques, église basse aux trois clochers, renferme un tableau du *Purgatoire* d'une hideuse singularité.

Je ne dirai rien des autres églises peu importantes, des 20 hospices de Gand, de la Bourse,
du Théâtre, de l'Université, des promenades nombreuses et variées; mais je mentionnerai un
atelier de bienfaisance pour 1200 pauvres et la maison de correction parfaitement ordonnée:
les prisonniers sont soumis à un travail modéré et apprennent un métier. Honneur aux ma-
gistrats municipaux qui ont combattu et vaincu deux des lèpres qui infectent la société moderne, la mendicité et la corruption par désœuvrement!

CATHÉDRALE DE BEAUVAIS,

EXTÉRIEUR.

N° 80.

Beauvais, chef-lieu du département de l'Oise et siége d'un évêché, existait dès le temps des
Romains. Il paraît plus que douteux que cette ville ait été fondée, soit par *Belgius*, qua-
torzième chef des Gaulois, soit par *Ambigat*, neveu de Bellovèse, l'an 164 de Rome, ou
qu'elle ait jamais été le *Bratuspantium* dont parlent les Commentaires de César. Il est certain du moins qu'elle était la capitale des Bellovaques, et que sur le mont de Caperon, à 200
mètres de la cité actuelle, on retrouva, dans l'année 1635, les restes d'un temple très vaste,
que l'on suppose avoir été dédié à Bacchus. Les nombreux débris d'antiquités dont le sol
de Beauvais même est rempli prouvent qu'il a été long-temps occupé par les légions du
peuple-roi. Dans l'enceinte du vieux palais et dans les murailles, dans les rues mêmes, à 9
pieds au dessous du sol actuel, on aperçoit encore les vestiges successifs du travail des
Gaulois, de celui de leurs vainqueurs, et enfin de la race franque, pendant les premiers
temps de la monarchie.

Beauvais fut plusieurs fois assiégé, pris, incendié, reconstruit, par les Francs, les Normands et les rois de la seconde et troisième race. En 1232, les bourgeois obtinrent de leur
évêque le serment de respecter une charte d'établissement de commune, fort importante pour

l'histoire du moyen âge. Cet *instrument* est conservé dans sa totalité, et je regrette de n'avoir pas l'espace nécessaire pour le citer. Pendant les guerres entre les Français et les Anglais, Beauvais fut exposé aux désastres des attaques et des combats de la part des deux peuples. En 1357, commença la fameuse *Jacquerie,* ainsi appelée, selon quelques auteurs, parce qu'elle était sous le commandement du capitaine *Jacques ,* né à Beauvais, dont les environs furent surtout le théâtre de ce soulèvement furieux contre les nobles et seigneurs d'alors. Selon Delolme, au contraire, « lorsque le gentilhomme pillait et rançonnait le pay-« san, il l'appelait par dérision *Jacques Bonhomme.* » D'où la *Jacquerie;* mais le bonhomme se montra terrible et implacable au moins autant que *John Bull,* malgré le nom redoutable de ce dernier au-delà du détroit.

Le 27 juin 1472, Charles-le-Téméraire, à la tête de 80,000 hommes, vint assiéger Beauvais, sauvé par Jeanne Hachette, qui fut exemptée, ainsi que ses descendans, de toutes impositions et tailles par Louis XI. Ce monarque accorda divers priviléges aux femmes, et entre autres le pas sur les hommes à la procession de sainte Andragème, instituée en commémoration de la levée du siége.

Beauvais est assis dans un riche vallon entouré de collines boisées, et sur les bords de l'Avelon et du Therain; ces deux ruisseaux, qui baignent une partie de son enceinte, se subdivisent en plusieurs canaux en traversant la ville, et favorisent ainsi l'établissement et l'exploitation de manufactures. Les rues sont en général étroites et tortueuses et les maisons en bois assez décrépites. Cependant des améliorations notables contribuent chaque jour à changer ce fâcheux aspect. La ville est séparée en deux parties presque égales par une belle rue qui va d'une porte à l'autre sous cinq noms différens, et présente une longueur de 950 mètres; dans l'autre sens, le diamètre de la ville est de 1,150 mètres. Les murailles de la cité proprement dite, bâties de petites pierres carrées entremêlées de briques, sur une épaisseur de 6 pieds, et munies de tours rondes, paraissent être des IIIe et IVe siècles. Le périmètre entier des murailles, construites dans les XIIe et XIIIe siècles, est d'environ une lieue. On les détruit chaque année, et sur l'emplacement des fossés on établit des promenades aérées, qui contribueront à la beauté et à la salubrité de la ville, généralement humide. Le boulevart de l'Est est coupé de trois allées principales d'une largeur totale de 76 pieds. C'est au zèle pour le bien public dont a toujours été animé M. de Nully d'Hécourt, d'abord adjoint, puis maire de Beauvais, qu'est due cette utile création, commencée en 1804, et continuée avec une infatigable persévérance. Je me fais toujours une loi de conserver le nom de ces bons citoyens, et j'ai le regret de n'en avoir pas assez à citer.

Beauvais environné de huit faubourgs, outre quatre villages qui devraient en faire partie, contenait en 1815 :

Intra muros	118 rues,	10 places,	2,380 maisons.
Extra muros	45 rues,	10 places,	660 maisons.
Total	163 rues,	20 places,	3,040 maisons.

La population, d'après le recensement officiel de 1836, est de 13,082 habitans; elle est en progression.

On comptait à Beauvais, avant la révolution, 24 églises principales, dont la cathédrale, six collégiales, douze paroisses et huit couvens. Presque tous ces édifices ont été démolis depuis 1789 ; mais d'autres ont été détruits en 1810 et même 1813. L'aspect général de la ville est singulièrement appauvri, car il ne reste plus que la cathédrale et Saint-Étienne qui s'élèvent au dessus des maisons. Si les amis exclusifs de l'utilité doivent des actions de grace aux autorités municipales, il n'en est pas de même des amis du pittoresque et des arts.

La cathédrale, placée sous l'invocation de saint Pierre, fut fondée en 991 par Hervée, 37ᵉ évêque; Roger fit élever le sanctuaire et une partie du chœur dans les premières années du xiᵉ siècle. C'est sous cet évêque, petit-fils de Thibaut, comte de Champagne, que le comté laïque de Beauvais fut réuni à l'évêché. Les prélats, comme comtes patrimoniaux et comme pairs ecclésiastiques, portaient le manteau royal au sacre de nos monarques, et avaient droit de monnaie et de haute et basse justice. Leur histoire est de quelque importance; et si l'on compte parmi eux *Cauchon*, l'ennemi de son pays et le juge de la Pucelle, *de quo silere pium est*, on y trouve aussi le brave Philippe de Dreux, cousin germain de Philippe-Auguste, meilleur guerrier et Français que bon casuiste. C'est lui qui assomma d'un coup de massue, à la bataille de Bovines, le comte de Salisbury, propre parent du roi d'Angleterre, croyant éluder ainsi la maxime sacrée Ecclesia abhorret a sanguine: *Pensant par là, le bon seigneur*, dit Loysel, *avoir vengé sa longue prison en Bretagne, sans s'être ensanglanté les mains.*

Deux incendies, en 1180 et en 1225, détruisirent totalement la basilique construite par Hervée, et la cathédrale actuelle fut immédiatement commencée par Miles de Nanteuil, alors évêque. Le chœur s'écroula en 1284, par suite de l'écartement des murs latéraux; il fut rétabli en 1324, mais on partagea les travées en deux, afin d'ajouter à la solidité.

Deux siècles s'écoulèrent encore avant l'achèvement du chœur; la croisée commencée en 1500 ne fut terminée qu'en 1578. Chambiges de Cambray, Jean Vast et son fils, Michel Lalye et François Maréchal, *archi-charpentier*, continuèrent les travaux. Ces Thémistocles de l'architecture, que la gloire de Michel-Ange *empêchait de dormir*, voulurent construire un monument rival du dôme de Saint-Pierre de Rome. Au lieu de travailler à la nef, ils élevèrent, à l'intersection de la croix, une tour pyramidale octogone, avec base quadrangulaire et flèches revêtues de plomb. Saint-Pierre a 413 pieds français de haut; l'aiguille de Beauvais, ornée de vitraux et de sculptures délicates et à jour jusqu'à la flèche, avait 450 pieds: c'étaient, avec la grande pyramide d'Égypte, les deux monumens les plus élevés du globe. Malheureusement l'œuvre admirable des artistes français, finie en 1568, ne dura que cinq années; elle s'écroula le 30 avril 1573, jour de l'Assomption, un moment après que le peuple, averti par le maître-maçon, fut sorti précipitamment de l'église. Parmi les causes qui amenèrent sa destruction, il faut compter l'absence de la nef principale, l'établissement d'un escalier pratiqué au milieu de l'un des piliers du chœur, et le peu d'épaisseur du massif en maçonnerie qui formait le *square* de la tour.

M. Woillez, à qui nous devons une description récente de la cathédrale, avec planches, nous a conservé le dessin de cet admirable clocher, le plus beau assurément qu'ait jamais produit l'architecture gothique. Depuis cette perte irréparable on continua les travaux ; mais, en 1604, on renonça faute de fonds à l'achèvement de la basilique. La grande nef n'a que deux travées ; dans le projet elle devait avoir 52 mètres 1/2 de longueur dans œuvre, et s'ouvrir par une magnifique façade dont il ne reste aussi que le dessin, d'un effet admirable et du plus beau caractère ogival.

Les deux portails latéraux sont finis : l'un au midi, dédié à saint Pierre, porté sur quatorze marches, accoté de deux clochetons en pierre, à demi-relief, dont l'escalier en hélice a 287 marches, orné de trois galeries en retraite, d'une belle rose de 34 pieds de diamètre, d'un porche ogival à voussures et fronton aigu à jour, d'un pignon découpé haut de 65 mètres 75 centimètres (1), présente une merveilleuse page gothique. L'autre façade, celle du nord, dédiée à saint Paul, bâtie en 1530, où l'on remarque les salamandres de François Ier et des F couronnés entremêlés de *marguerites* en l'honneur de sa sœur, réunit aussi de grandes beautés ; mais les sculptures ne sont pas entièrement terminées. Des clochetons s'élèvent au-dessus de piliers quadrangulaires qui contrebutent le chœur et se rattachent à la masse de l'édifice par deux accolades superposées à jour et soutenues à chaque étage par une double demi-arcade : c'est une forêt d'aiguilles de la plus grande légèreté.

Mais l'ensemble de ce magnifique édifice est déparé par l'ignoble tronçon de 6 ou 7 pieds de haut, reste d'un clocher central abattu et non rétabli, et par le mur de refend, moitié pierre et moitié bois, qui coupe la nef non achevée comme je l'ai déjà dit. L'église fameuse de la *Basse-Œuvre*, par opposition avec la cathédrale, la *Haute-Œuvre*, est rattachée à la partie occidentale de Saint-Pierre ; c'est un monument fort intéressant, objet d'une foule de discussions entre les écrivains spéciaux. Plusieurs d'entre eux en attribuent la fondation aux IIe et IIIe siècles de l'ère chrétienne ; je crois qu'on peut, sans crainte d'erreur, la rapprocher jusqu'au VIIe et même VIIIe siècle. L'exposition de mes motifs formant une digression trop longue, je me borne à faire observer qu'en général la vérité n'a pas toujours été respectée par les archéologues, et que, par un amour trop ardent de la science, ils ont souvent conformé leurs décisions à la maxime :

Major a longinquo reverentia.

---

(1) À peu près la hauteur des tours de Notre-Dame.

CATHÉDRALE DE BEAUVAIS,

INTÉRIEUR.

N° 81.

L'élévation des voûtes, la grandeur gigantesque des piliers d'un seul jet, la hardiesse des fenêtres ogivales, la délicatesse des meneaux, la noblesse des nefs transversales, la vaste dimension des roses, le jeu des ombres et de la lumière dans les doubles galeries circulaires, la richesse et l'éclat des vitraux, l'unité et la *religiosité* de ce chef-d'œuvre de force, de grace et de légèreté à la fois, tout concourt à justifier l'estime des artistes et la réputation populaire dont le chœur de Beauvais est l'objet.

La hauteur de l'église est, jusqu'à l'arête du comble, de 180 pieds, sous la clef, de 148 pieds 5 pouces (Saint-Pierre de Rome n'en a que 142), sa largeur, bas-côtés compris, de 57 mètres, sa longueur depuis la chapelle du chœur jusqu'au mur de refend, de 72 mètres 50 centimètres, et sa superficie de 3,998 mètres 67 centimètres carrés.

Dans le projet, la nef devait être augmentée de 44 mètres 59 cent.; ainsi sa longueur totale aurait été de 117 mètres 09 centimètres, ou 360 pieds 7 pouces.

On remarque dans cette basilique les galeries à compartimens, représentant les Prophètes et les Sibylles, ses deux belles roses dont l'une reproduit un soleil rayonnant au milieu du ciel étoilé, et l'autre le Père Éternel et diverses scènes de la création et de l'histoire biblique; les chapelles des Morts, du Sacré-Cœur, du Saint-Sacrement; des verrières très bien conservées, ouvrage des frères Lepot et d'Enguerrand-le-Prince, célèbres artistes du xvie siècle; l'horloge, les orgues, grand seize-prié d'une admirable qualité de son; la statue en marbre blanc du mausolée du cardinal-évêque Forbin de Janson, travail des deux Coustou, enfin le pavé du sanctuaire en brèches d'Alep, bleu turquin et marbre du Languedoc.

Les huit tapisseries de Beauvais, si intéressantes pour le travail et les sujets pseudo-historiques, sont reléguées dans des armoires où elles pourriront bientôt; on ne peut demander leur conservation à des autorités qui abandonnent aux chantiers et aux ateliers d'un menuisier-marchand de bois l'église au moins carlovingienne de la Basse-OEuvre.

DÉTAILS DE L'ÉGLISE SAINT-ÉTIENNE,

A BEAUVAIS.

N° 82.

Afin de compléter la description de Beauvais, je place le n° 83 avant le n° 82. Cette légère interversion de ma part dans le texte porte avec elle sa justification.

Saint-Étienne est, avec la cathédrale, la seule paroisse de la ville *intra muros*. Cette église, fondée par saint Firmin, en 220, dit-on, et placée d'abord sous l'invocation de saint Waast, fut rétablie en 997. Sa construction dura huit ans, et des retouches successives ainsi que des adjonctions de chapelle altérèrent l'unité de l'ensemble. Pour s'en convaincre il suffit de jeter les yeux sur la lithographie et de comparer le pignon du nord et la voûte d'une chapelle qu'on y a reproduits. La rosace de la façade latérale du xiiie siècle présente les rudimens intéressans de ces roses devenues depuis si riches et si colossales; le jugement dernier qui s'enlace autour du cercle est un curieux échantillon comme pensée et comme sculpture. L'ornement de l'appareil du gable, disposé en espèce d'*opus reticulatum*, est contemporain de la rosace; mais les trois niches-clochetons, dont la forme mérite quelque attention, sont un peu plus récentes. La voûte de la chapelle gothique, avec l'entrelas de ses nervures, ses pendentifs élégans, et ses clefs très saillantes, est, ainsi que la fenêtre, du troisième ogival fleuri. Le pilier butant représenté dans le dessin et ses gargouilles sont du même caractère, mais des commencemens de cette période spéciale d'architecture.

L'église est de second ordre par ses dimensions, et elle a conservé des verrières de diverses époques et du plus haut intérêt. C'est un musée pour la peinture sur verre, et je ne puis trop le recommander aux amateurs de cette portion de l'ornementation gothique. Si ma mémoire est fidèle, j'y ai remarqué dans une chapelle du nord, vers le sanctuaire, un enfant nu et placé sur une table avec un coutelas qui avait servi à dépecer ses membres déjà séparés en partie du tronc. Je ne pense point que ce soit une épisode du massacre des Innocens, non plus qu'une étude anatomique défendue au moyen âge. Je suppose plutôt, d'après les vêtemens, la barbe et les airs de tête des personnages du tableau, que c'est la fable absurde des Juifs égorgeant un enfant chrétien dans de sanglans et mystérieux sacrifices.

La tour de Saint-Étienne est une grosse masse carrée avec un escalier en tourelle. Elle supportait, avant la révolution, un temple moderne circulaire à colonnes qui a été détruit, mais dont la base a été conservée, ce qui donne au clocher actuel un aspect bizarre et inexplicable, si l'on ignore ce fait.

Les autres monumens de Beauvais sont l'hôtel-de-ville, construit en 1754, où l'on conserve le drapeau enlevé par Jeanne Hachette aux Bourguignons, et un vaste tableau en l'honneur de cette héroïne; la préfecture, ancien palais épiscopal, le collège, le théâtre, le nouvel hôpital, la caserne de cavalerie, et la manufacture royale à qui l'on doit les belles tapisseries historiques dont j'ai parlé et dont la reproduction, avant leur entière et imminente destruction, serait une œuvre de patriotisme local et de bon goût artistique.

MAISON SUR LE GRAND CANAL,

A VENISE.

N° 83.

Le grand Canal est placé presque en face de la terre ferme dont la ville est distante d'environ deux lieues. Il commence à l'île de *Santa-Chiara* et finit à la douane de mer, sur une pointe presque en face de Saint-Marc et de Saint-Georges. Le grand Canal fait une double méandre semi-ovale, et serpente ainsi dans le sein de la cité pendant une lieue. Ses rives n'ont pas de quais et sont bordées des maisons les plus riches et des plus beaux palais de Venise. Au milieu s'élève un seul pont, le fameux *Rialto*, dont l'arche est d'une vaste dimension afin que la navigation ne soit pas entravée. Autrefois les paquebots entraient par le vaste canal de la *Giudeca*, puis par le grand Canal, plus large et plus imposant. Mais aujourd'hui les étrangers sont amenés par le *Canaregio*, creusé à la limite extrême de la ville et qui serpente un quart de lieue avant de rejoindre la grande artère maritime. C'est une faute, car la première impression est toujours la plus vive et la plus durable. Du reste, le spectacle intérieur de la ville, sa décadence, si sensible que M. Valery déclare lui-même l'avoir remarquée dans trois voyages successifs, attriste la vue et oppresse le cœur. Les palais sont vides et habités par des marchands ou des citadins sans fortune. On peut en avoir une preuve dans le dessin même de M. le comte Turpin de Crissé; car, sur la porte de la charmante fabrique de la *renaissance*, reproduite par son crayon, nous lisons avec douleur et surprise ces mots *di vino vendita*. Ainsi la noble demeure de la plus ancienne aristocratie de l'Europe est aujourd'hui l'habitation d'un tavernier. En vérité, je n'ai pas le courage de rappeler ici l'histoire et la splendeur effacée de la souveraine de l'Adriatique, le contraste serait trop douloureux ; je réserve cette tâche pour la description de la place et de l'église ducale de Saint-Marc, qui doit faire partie de cette collection, et je chercherai quelques instans à oublier le triste sort qui attend cette *Palmyre* de la mer.

CASQUE DE BAJAZET II,

ET AUTRES ARMURES.

N° 84.

ÉGLISE DE GUEBWILLER,

ALSACE.

N° 85.

Guebwiller est une jolie petite ville de 3,873 habitans, située dans le département du Haut-Rhin, à huit lieues de Colmar, sur la Lauch, et au milieu de vignobles abondans qui luttent de quantité sinon de qualité avec les produits des côteaux de la Bourgogne.

Malgré les énonciations de la chronique locale sur la fondation et le nom de Guebwiller dont Shœpflin a démontré la fausseté, il parait certain que la petite cité alsacienne, déjà connue comme ferme ou domaine dès le viii siècle, devint depuis un bourg ouvert, et fut enceinte de murailles dans le xii siècle. Dans le xiv, la ville fut deux fois prise par les Anglais ; plus heureuse dans le xv, elle repoussa une attaque nocturne de Louis XI, alors dauphin du Viennois. Les Suédois y entrèrent en 1633, pendant la fameuse guerre religieuse et politique des trente ans.

Guebwiller est aujourd'hui une des villes les plus florissantes du Haut-Rhin, et son industrie lui promet une prospérité croissante. Elle présente quelque intérêt sous le rapport archéologique.

On y remarque l'ancienne église Saint-Léger, reproduite dans cet ouvrage, qui fut consacrée en 1134, mais dont la construction entière dura pendant de longues années encore. On est d'autant plus disposé à le croire qu'elle présente un mélange de pleins-cintres et d'ogives dont l'étude peut donner quelques éclaircissemens sur le mode de transition d'un style à l'autre et sur les retouches et changemens du caractère primitif. Quant aux arcs-boutans qui soutiennent de face et latéralement les deux clochers, ils sont plus récens encore, car ils portent l'inscription IxQxVx3, ou 1473.

La masse extérieure est assez imposante ; les deux clochers de la façade et le clocher central octogone, avec une pyramide légèrement renflée, comme on le remarque dans les églises des bords du Rhin et de l'Allemagne méridionale, s'harmonisent heureusement et sont d'une élévation bien proportionnée soit entre eux, soit par rapport aux dimensions de l'édifice.

Le portail qui s'ouvre au milieu du porche est du byzantin le plus pur ; il est conséquemment en plein-cintre et composé de plusieurs rangs d'arceaux concentriques reposant sur trois colonnes dont la première est cannelée, la seconde à torsades et la troisième simple ; elles sont réunies par des pieds-droits richement ornés sur les deux faces. Une des archivoltes est à tête de clous et le tympan représente trois personnages assis. Le texte de M. de Golberry n'en fixe point le caractère ; je serais tenté de penser que c'est la Trinité, si les attributs n'étaient différens de ceux que les artistes orientaux et leurs élèves donnaient à Dieu le Père ; mais la lithographie n'est pas assez nette pour que je puisse avoir un avis raisonné.

On trouve encore à Guebwiller une seconde église construite en 1766 par les chanoines de Murbach. C'est un édifice dans le genre dit italien, c'est-à-dire grec et romain tout ensemble, d'une bonne pensée et d'une exécution satisfaisante ; les colonnes en sont cannelées et corinthiennes ; des guirlandes s'étendent au-dessus de l'entablement, et des corbeaux supportent une balustrade dont le dessin, reproduit à chaque fenêtre, accompagne extérieurement la base du grand toit. Une coupole élégante et ciselée avec habileté s'arrondit à l'intersection de la croisée. Le maître-autel, richement sculpté, représente l'Assomption de la Vierge. Le portique principal, élevé sur plusieurs marches, est formé de deux rangs de colonnes terminées par un fronton et entrecoupées de niches et de statues. Malheureusement les tours, qui devaient avoir également au dessus de l'église deux étages couronnés par une galerie et une campanille arrondie, n'ont pas été bâties ; elles n'existent que sur le dessin conservé par M. Deck, notaire. Les riches chanoines, jadis seigneurs de Guebwiller, saisis par la tourmente révolutionnaire, ont vu leur fortune renversée par les tempêtes politiques, heureux si, au lieu d'élever un fastueux monument, ils ont pu payer les six pieds de terre et la pierre de leur tombeau !

CATHÉDRALE DE TOLÈDE,

N° 86.

La cathédrale de Tolède domine l'ensemble de la ville, non seulement par sa position sur une des sommités de la montagne, mais encore par son élévation et la grandeur de ses proportions. Nous avons déjà donné, sous le n° 37, la description de la cité, antique capitale de la Castille, il nous reste à faire connaître son église, *Métropolitaine* justement célèbre.

Les habitans comparent cet édifice à la cathédrale de Burgos, et même ils poussent l'amour-propre national jusqu'à le préférer; mais les étrangers ne ratifient pas ce jugement. La basilique de Burgos, dont le portail plein de majesté supporte deux belles tours gothiques jumelles d'où s'élancent dans la nue deux flèches à jour en pierre, admirablement travaillées et dont le rond-point est orné d'une tour octogone en galerie d'une facture hardie et légère, la basilique de Burgos est certainement supérieure à sa rivale, et il faut boire de l'eau du Tage pour soutenir le contraire. Cependant la cathédrale de Tolède est la seconde église à style ogival que renferme l'Espagne, et elle peut être mise sur le même rang que celle de Séville.

Il faut avouer, au reste, que la façade est défectueuse; il suffit d'un coup d'œil pour le reconnaître; la grande porte accompagnée de deux autres ouvertures plus petites, la galerie à niches occupées par des statues, les deux contre-forts ornés d'une arcature élégante sont d'une beauté véritable. Mais il manque un gable, ou une seconde galerie avec clochetons, comme à Rouen, par exemple. En outre, la base des deux tours, de largeur et d'élévation inégales, présente une vaste surface de murailles lisses et nues indignes de l'ensemble. La campanille de gauche, bien que fort haute, n'a pas été terminée régulièrement. La flèche en retraite est trop petite et ne continue pas l'octogone primitif. Enfin la tour de droite, qui contient la chapelle mozarabe, n'a aucune symétrie avec sa voisine. Elle est beaucoup plus basse, elle affecte la forme d'un dôme dont la première partie au dessus du soubassement est ogivale et dont la seconde est de la *renaissance*.

Les défauts établis, on doit reconnaître que cette entrée principale est imposante, et que la tour est d'un style grave et élégant tout à la fois; que les arcatures sont de bon goût; que l'octogone percé de longues et hautes fenêtres à lancettes, accompagnées de pinacles légers et richement sculptés, est d'un excellent effet; enfin que si la flèche avait été exécutée dans la même pensée, ce clocher serait un chef-d'œuvre. Son élévation, qui est de 340 pieds au moins, contribue encore à la majesté de l'ensemble.

Les annalistes du pays prétendent que l'église actuelle remonte aux premiers siècles de la chrétienté; ils citent même à l'appui de leur opinion l'inscription gravée sur une pierre placée dans le cloître et qui fut trouvée, en 1581, dans les fondations de l'église Saint-Jean-de-la-Pénitence. Nous la donnons avec les fautes d'orthographe latine du temps et la vicieuse division des mots :

IN NOMINE DÑI CONSECRA
TA ECCLESIA SCTE MARIE
IN CATOLICO DIE PRIMO
IDUS APRILIS ANNO FELI
CITER. PRIMO REGNI DÑI
NOSTRI GLORIOSISSIMI FL
RECAREDI REGIS ERA
DC XXX.

Cette inscription prouve évidemment la fondation, en 630, d'une église consacrée à Marie sous le règne du roi Goth Récarède, et même de la cathédrale, si l'on veut, puisqu'elle est placée sous l'invocation de la Mère de Dieu; mais les moindres notions archéologiques démontrent qu'à part quelques substructions, la masse de l'édifice est du xiiie et dans plusieurs parties (le haut du dôme mozarabe) du xive et même du xve siècle.

En effet, il est démontré qu'après avoir existé successivement comme mosquée et comme église, l'ancienne basilique fut détruite et remplacée par celle que nous admirons de nos jours, et qui a été commencée en 1227 par le roi saint Ferdinand.

Deux entrées latérales de quelque importance appellent l'attention de l'ami des arts. Le premier portique, appelé d'abord *del niño perdido,* ou de l'Enfant Perdu, est connu aujourd'hui sous le nom de *Relox,* ou de l'Horloge, parce qu'on y a bâti depuis une belle tour renfermant la sonnerie. Le second, dit *de los leones,* doit cette désignation à six lions en marbre placés au haut des pieds-droits qui soutiennent une terrasse. Ces deux portiques sont d'une grande richesse d'ornemens gothiques; mais en général les détails en sont trop multipliés et l'exécution n'est pas toujours assez soignée.

Le cloître attenant à la Métropolitaine est vaste et carré; il est entouré d'arcades gothiques dont les retombées sont supportées par des colonnes, et dont les espacemens sont fermés par des grilles d'un travail estimé. Le temps a presque détruit les peintures dont les murailles étaient couvertes comme dans le *Campo Santo* de Pise. On a commencé de grands tableaux d'école moderne, mais l'humidité gâte déjà ces fresques et ravit un musée aux promenades solitaires et pensives des religieux.

CATHÉDRALE DE TOLÈDE,

N° 87.

L'artiste à qui l'on doit l'excellente lithographie de ce recueil a été plus occupé de son dessin que de l'examen attentif des diverses parties intérieures de la belle église de Tolède, sur laquelle il n'a point conservé de notes. Réduit aux notices peu satisfaisantes sur ce point du père Cayetano; de MM. Pons, Robert, etc., je suis contraint d'avoir recours à l'ouvrage si justement estimé de M. le comte de Laborde sur l'Espagne. Qu'il me le pardonne, c'est un peu sa faute; en littérature comme en finances, *on n'emprunte qu'aux riches.*

L'église a 348 pieds de long dans œuvre, sur 174 de large; sa hauteur est de 138 pieds sous voûte; elle est composée de cinq nefs; le vaisseau central, comme d'habitude, est le plus élevé, et les constructions latérales s'abaissent successivement; les voûtes en ogives reposent ainsi que les arcs sur des piliers circulaires desquels saillent en demi-bosse des colonnettes engagées; ces faisceaux réunissent la légèreté et la solidité; ils sont au nombre de 84; le pavé est formé de grands carreaux alternés de marbre blanc et de marbre bleu; le *triforium* est composé d'arcades en ogives accouplées, ainsi que le *clerestorium* qui est de la même coupe et dont les verrières géminées sont terminées par des œils-de-bœuf quadrilobés. Cet ensemble est heureux et il se lie harmonieusement avec les bas-côtés dont les galeries et les fenêtres sont gracieusement variées. En somme, l'intérieur de cette église ne laisserait que peu de choses à désirer, si les divisions multipliées que l'architecte a cru devoir y bâtir (c'est le mot juste) ne rompaient l'unité et n'empêchaient le regard d'embrasser la vaste étendue de l'ensemble.

La nef, y compris l'abside, est partagée en cinq grands compartimens : 1° un espace nu et sans ornemens entre la porte d'entrée et le chœur; 2° le chœur; 3° un second espace vide entre le chœur et le sanctuaire; 4° le sanctuaire; 5° un troisième espace entre le sanctuaire et la chapelle du chevet.

Outre ces divisions qui forment une suite de 6 églises sous la même voûte, les murs de séparation autour du chœur et du sanctuaire ont l'inconvénient d'être élevés au tiers de la hauteur totale. Cet isolement, commode peut-être pour les offices et les cérémonies de l'archevêque et de son clergé, est un grave défaut que le luxe des arcatures, le nombre des niches et statues, la forme agréable des piliers quadrangulaires ornés de clochetons, ne peuvent racheter, et qui dépare singulièrement le magnifique vaisseau de la cathédrale. On peut s'en convaincre en jetant un simple coup d'œil sur le dessin; le premier mur à gauche est celui du chœur, placé dans la nef, d'après la détestable habitude des Espagnols, et le second, à droite, forme l'enceinte du sanctuaire. Les grilles qui ferment ces temples particuliers sont estimées; et ils contiennent aussi des objets précieux en peinture, sculpture et ciselure.

Le chœur compte 50 stalles au rang inférieur, et 61 au rang supérieur, dont les bras, les dossiers et les siéges sont ornés de bas-reliefs et de figurines d'Alexandre Berruguete et de Philippe de Bourgogne, d'un très beau travail et d'une ingénieuse composition. La corniche supporte des statues de Patriarches, de Saints et de Prophètes; une transfiguration du Seigneur, en marbre, couronne la chaire épiscopale. Les trois pupitres, quoique de dimensions diverses, sont des ouvrages capitaux; ils sont en bronze et d'une grande richesse d'ornemens.

Le sanctuaire (*capilla mayor*, ou principale chapelle) est entouré intérieurement de bas-reliefs, figures, arabesques en marbre ou dorés. Les personnages, tantôt mystiques, tantôt historiques, méritent de fixer les regards du voyageur. Le *cicerone* ne manque jamais de lui faire remarquer la statue du berger qui fut le guide du roi Alphonse VIII à la bataille de las Navas de Tolosa, et celle du More Alfaqui, assez généreux pour solliciter et obtenir d'Alphonse VI le pardon de la reine Constance et de l'archevéque Bernard qui, au mépris de la capitulation royale, avaient converti la mosquée en église. L'effigie de cet Arabe au milieu des Pères de l'Église, dans un lieu saint, est aussi honorable pour la tolérance et la gratitude du chapitre de Tolède que la sagesse et la générosité du seigneur mahométan envers les violateurs de son culte.

Je me borne à citer les mausolées nombreux qui enrichissent cette cathédrale, le détail et l'appréciation de leur composition et de leur mérite relatif m'entraîneraient trop loin.

Le sanctuaire renferme les tombeaux des rois Alphonse VII, Sanche-le-Désiré, Sanche-le-Brave, infant don Pedro et cardinal Pierre de Mendoza.

La chapelle de *los Reyes novos* (des rois nouveaux) renferme ceux de Jean Ier, de Henri III et des reines leurs épouses, de Henri de Transtamare qui, aidé de notre Duguesclin, détrôna et tua de sa main, en 1379, Pierre-le-Cruel ou le Justicier, surnoms

. . . . étonnés du nœud qui les rassemble.

La chapelle Saint-Jacques, carrée et gothique, contient les monumens de plusieurs archevêques et grands-maîtres, du connétable Alvarez de Luna, premier ministre et favori de Jean II, qui, après avoir gouverné long-temps le royaume sous le nom de son maître, périt par ses ordres, en 1492, sur un échafaud, sorte de wentworth monarchique.

Les chapelles de Saint-Ildephonse et de Notre-Dame-du-Tabernacle, *Nuestra-Senora-del-Sacrario*, réunissent aussi de nombreux mausolées de princes, grands seigneurs, cardinaux et archevéques; mais le catalogue de ces richesses funéraires m'est interdit à cause de son abondance même.

Il me reste à citer, malgré la juste critique dont il est l'objet, le maître-autel, immense composition qui s'élève jusqu'aux grandes voûtes; une chapelle à fresque représentant la conquête d'Oran, dans la chapelle mozarabe, l'autel de Sainte-Ildephonse, la décoration intérieure de celle de Notre-Dame et son maître-autel d'argent, sur lequel est placée la statue de la Vierge du même métal et d'un poids de 2,500 marcs ; dans la salle capitulaire d'excellens portraits des prélats qui ont gouverné l'église, et enfin les vitraux des vastes croisées de la cathédrale qui sont de divers siècles et bien exécutés, mais dont les morceaux, brisés par le temps ou la main des hommes, ont été remplacés par de mauvaises peintures.

On trouve encore de bons tableaux de Van-Dyck, Rubens, Bellino, le Bassan, et dans le *vestuario* (vestiaire) et dans les pièces adjacentes, le trésor de l'église de Tolède ; ce nom est bien mérité, car c'est une collection immense : or, argent, pierres précieuses et perles sous toutes les formes. On s'arrête principalement aux sphères et au tabernacle.

Les sphères en argent et merveilleusement ciselées sont un don de la reine Marie-Anne de Neubourg. Elles ont trois pieds de haut et supportent les statues allégoriques des quatre parties du monde ; les globes de l'Europe, l'Asie, l'Afrique et l'Amérique sont soutenus par trois chevaux, trois chameaux, trois lions et trois caïmans ; si l'Océanie avait été découverte elle aurait été supportée par des ornithorynx ou des kangarous, d'après ce choix heureux d'animaux indigènes.

Le Tabernacle est une pièce gothique, hexagone, posant sur un piédestal, terminée par une croix, garnie de 270 figures et d'un grand nombre de bas-reliefs. Le monument a 9 pieds de haut, est d'argent doré, pèse 794 marcs, et contient un ostensoir d'or massif, enrichi de pierreries et pesant 57 marcs.

La bibliothèque de la cathédrale est riche en ouvrages précieux, et les prélats, qui ont parlé aux yeux du corps dans l'église, ont voulu parler à ceux de l'ame dans cette retraite studieuse. Elle contient, outre beaucoup d'ouvrages imprimés, plus de 700 manuscrits rares. Les Français voient avec plaisir dans la sacristie une production littéraire de leur pays, c'est une Bible du xiie siècle, ornée de vignettes remarquables et donnée à l'église de Tolède par saint Louis.

La métropolitaine, ainsi que les églises de Séville, Cordoue, etc., a été long-temps une mosquée. Outre les substructions, on attribue aux Mores une partie du pavé de ce beau temple ; mais il a été consacré par des cérémonies expiatoires, et la population religieuse, souvent prosternée, d'après l'usage espagnol, et essuyant de ses lèvres, par humilité, la poussière des dalles, présente en toute sûreté ses prières au Seigneur, et

Use un marbre païen d'un baiser catholique.

FONTAINE DELILLE,

A CLERMONT-FERRAND.

N° 88.

Clermont, situé sur une colline gracieusement inclinée au levant, d'où il domine la belle et riche plaine de la Limagne, bornée à l'horizon par la chaîne pittoresque du Forez, entourée de trois côtés par les montagnes de Gergovie, de Gravenoire, de Mont-Royon et de Chanturgue, couvertes à leur base de vignes et de jardins agréablement étagés, couronnées par le sourcilleux Puy-de-Dôme, qui porte dans les nues à 1,468 mètres sa tête arrondie et couverte de neiges pendant six mois de l'année; Clermont est le centre d'un admirable panorama.

Cette cité, autrefois capitale de l'Auvergne, aujourd'hui chef-lieu d'une préfecture, d'un évêché, d'une division militaire et de tous les établissemens que comportent ces titres, était déjà célèbre sous les Romains par la sagesse de son sénat, le nombre de ses habitans, la beauté de ses édifices et de ses aqueducs, le savoir de ses grandes écoles, et surtout par son temple dédié à Mercure sous le nom de Wasso-Galate. Grégoire de Tours, qui en a vu les ruines, parle de cet édifice comme d'une merveille, et l'on suppose qu'il renfermait le fameux colosse célébré par Pline, et qui aurait eu 366 pieds de haut, selon le guide pittoresque en France, c'est-à-dire trois fois la hauteur de celui de Rhodes. J'avoue qu'il m'eût été difficile d'admettre cette gigantesque dimension du Micromégas romain; mais, en homme sage, je me serais abstenu, et j'aurais laissé aux écrivains la responsabilité du fait. Heureusement que je trouve, dans une excellente notice sur Clermont-Ferrand par M. Bouillet, que la statue de Mercure avait 80 coudées ou 110 pieds de haut seulement; c'est 15 pieds de moins que la taille donnée par le père Ville-Hardouin au premier homme dans le Paradis terrestre; n'importe, j'y crois, et m'en tiens pour satisfait.

Les habitans de l'Auvergne avaient la prétention de descendre des Troyens, et deux vers de Lucain, jetés sur eux du haut de l'orgueil romain, en font foi :

Arvernique ausi Latio se fingere fratres,
Sanguine ab Iliaco populi..............

Les Gaulois de cette contrée étaient libres; Pline leur en donne le titre : *Arverni liberi.* Il paraît probable que *Gergovia*, d'où les armées de César furent d'abord si glorieusement repoussées, fut abandonnée ensuite et que ses habitans descendirent à *Clarus Mons*, d'où Clermont, qui d'abord avait été appelé *Arvernum*, puis *Nemetum*, puis enfin *Augustonc-*

metum, par reconnaissance pour Auguste, qui accorda à cette cité le droit de bourgeoisie romaine et divers autres priviléges. Le nom de Ferrand fut joint à Clermont lorsque Louis XV, en 1730, réunit la petite ville de Mont-Ferrand à sa puissante voisine, assemblage fâcheux qui reproduit un peu la fable du pot de terre et du pot de fer.

Clermont fut saccagé successivement par les Romains, les Franks, les Visigoths, les Sarrazins, les Normands, les Anglais et les Français des différens partis religieux ou politiques. La ville perdit son capitole, ses somptueux édifices, ses églises et une grande partie de ses habitans dans ces désastres dont le récit ne peut entrer que dans une histoire locale.

La population actuelle de Clermont est de 27,630 ames, et de 32,427 en y comprenant Mont-Ferrand qui en est éloigné de 800 toises. La ville renferme quelques rues assez larges qui ont remplacé les fossés, plusieurs belles places et un boulevart au levant connu sous le nom de Cours Sablon, mais qui malheureusement n'a pas été continué. Les rues situées au centre sont étroites, montueuses, mal percées, hérissées d'un pavé pointu, et d'un aspect sombre, augmenté encore par la couleur noire de la lave dont les maisons sont construites. Mais le préfet actuel et les autorités municipales s'occupent avec zèle et activité de réparer le mal. Parmi les améliorations à l'ordre du jour, j'indiquerai l'achèvement du théâtre ou son déplacement, l'élargissement d'une rue étranglée entre la place Saint-Hérem et celle de Jaude, devenue le centre du mouvement en voyageurs et en roulage; l'ouverture d'une voie vers la campagne sur cette belle place de 262 mètres de long sur 80 de large, l'achèvement de la façade de l'hôtel-dieu, le prolongement du Cours, la construction d'abattoirs, le creusement d'un canal jusqu'à l'Allier, et enfin la confection d'une nouvelle route qui évite au commerce entre Lyon et Bordeaux l'ascension au pied du Puy-de-Dôme, des retards et des périls sans nombre pendant l'hiver.

Clermont s'élève de tous côtés en amphithéâtre, et le point culminant est couronné par la cathédrale. Ce monument, construit sur l'emplacement de trois églises successives, fut commencé en 1248 sur les dessins de Jean Deschamps (*Joannes de Campis*), qui y fut enterré en 1280, continué pendant plusieurs siècles jusqu'en 1507, sous l'épiscopat de Jacques d'Amboise qui fit couvrir le vaisseau de plomb et élever une superbe tour dite *clocher du retour,* démolie au milieu du xviiie siècle à cause de son peu de solidité.

Cette église est en croix latine, mais la nef et la façade n'ont pas été terminées. Il serait digne d'un gouvernement ami des arts d'accorder des fonds pour cet objet, car la cathédrale est, même dans son état actuel, un des plus beaux monumens du moyen-âge. Sa longueur est de 300 pieds, sa largeur de 130 et sa hauteur sous clef de 100; les piliers, au nombre de 56, sont formés de colonnettes en faisceau d'une très grande légèreté, et les vitraux, donnés en partie par saint Louis, sont justement estimés.

Notre-Dame-du-Port, bâtie, selon Grégoire de Tours, en 580, incendiée par les Normands en 853, réparée en 860, est d'un genre à part qui a précédé le roman et le byzantin en France, et que l'on devrait nommer franco-romain, pour le distinguer dans l'histoire de notre architecture. La forme de son dôme, de ses rares fenêtres dans la nef, de sa crypte, de ses colonnes, de ses bas-reliefs est digne d'être étudiée par les archéologues, ainsi que dans les églises d'Orcival, d'Issoire et autres basiliques d'Auvergne, sur lesquelles

M. Malay publie un ouvrage intéressant. Les autres églises de Clermont sont les Minimes, les Carmes, Saint-Eutrope et la chapelle du cimetière.

L'hôtel-de-ville, construction importante, mais d'un style très lourd, et dont il aurait fallu développer la façade sur la place Saint-Hérem, ou d'Espagne, est enterré dans une rue étroite et écrasé par la façade septentrionale de la cathédrale; mais sa distribution intérieure est commode et bien entendue.

Clermont, patrie de Sidoine Apollinaire, Grégoire de Tours, Domat, Pascal, Delille, a consacré sa plus belle fontaine à ce dernier poète, et projette d'élever des monumens à ses grands hommes. Le château-d'eau, dû en 1515 à la munificence de Jacques d'Amboise, était placé auprès de la cathédrale; il a été transporté sur la place Champeix, vaste espace irrégulier; mais, dans cette opération, le bassin octogonal a été remplacé par un bassin circulaire disparate avec la forme angulaire du monument, haut de 22 pieds sur 24 de large, et terminé par une statue de blason supportant l'écusson du fondateur. Il suffit de jeter les yeux sur la lithographie pour admirer le gracieux ensemble, la délicatesse de travail, la légèreté, la découpure, la richesse d'ornemens, l'habile croisement des eaux de ce chef-d'œuvre de la *Renaissance.* On doit seulement regretter que la reconnaissance des habitans de Clermont envers Jacques Delille soit une ingratitude envers Jacques d'Amboise.

Ceux de mes lecteurs qui voudraient connaître à fond les autres curiosités naturelles et artificielles de la ville, sa fontaine pétrifiante, les monts Dore et leurs bains, les pics volcaniques des monts Dôme et leurs cratères, trouveront tous les détails et toutes les descriptions nécessaires dans les ouvrages de MM. Bouillet, écrivain judicieux, et Lecoq, archéologue instruit et habile chimiste.

UNE STALLE.

N° 89.

CHAIRE ET BÉNITIER.

N° 90.

CHAPELLE DE SAINT-ÉRASME,

N° 91.

J'ai déjà parlé, n° 51, de la chapelle de Henri VII; comme elle, les chapelles d'Édouard-le-Confesseur, de Henri V, de Saint-André, Saint-Édouard, Saint-Nicolas, Saint-Paul, Saint-Érasme, Saint-Jean-Baptiste, Saint-Jean-l'Évangeliste, etc., sont remplies par les tombeaux des divers rois d'Angleterre et des plus illustres de leurs sujets.

La chapelle de Saint-Érasme renferme les mausolées de lord Exeter et de lord Hunsdon qui vivaient du temps d'Élisabeth ; et, chose assez singulière, les effigies en cire de cette princesse, de Guillaume III et Marie, de la reine Anne, de lord Chatam et de Nelson. Comme dans toutes les parties de l'église divisée à dessein en 20 compartimens, il faut payer à chaque porte, la visite de Westminster coûte à peu près cinq francs de notre monnaie, prix officiel, indépendamment des générosités isolées. On subit la même nécessité à Saint-Paul et dans les autres édifices religieux de Londres, et il faut convenir que cette avidité mercantile, dans le sanctuaire de la mort et le temple du *Seigneur,* est indigne d'une grande nation.

L'abbaye de Westminster est, avec Saint-Paul, l'ornement principal de Londres. La première domine le *West-End,* tandis que l'autre commande la Cité.

Westminster, qu'on appelle aussi, mais rarement et seulement dans les ouvrages spéciaux, l'*Église collégiale de Saint-Pierre,* a été fondée en 604, par Sébert, roi des Saxons; en 1050, Édouard-le-Confesseur lui consacra la dîme de tous ses biens, et l'édifice fut terminé en 15 années. En 1220 Henri III posa la première pierre d'une chapelle dédiée à la Vierge, sur l'emplacement occupé aujourd'hui par la chapelle de Henri VII. Pendant le règne du premier monarque et celui d'Édouard Ier, on reconstruisit la partie orientale de la nef et des ailes, travail terminé en 1307. C'est à Édouard II et à ses deux successeurs que l'on dut le grand cloître et la maison abbatiale.

La partie occidentale de la nef et des ailes fut rebâtie de 1340 à 1483, et la façade construite par deux princes ennemis, le sanguinaire Richard III et le prudent Henri VII. Henri VIII, tout en achevant la magnifique chapelle commencée par son père, chassa les moines, qui furent rappelés par Marie et définitivement expulsés par Elisabeth, qui érigea Westminster en église collégiale.

Sous les règnes de George Ier et de George II de la maison de Brunswick, la grande fenêtre de l'ouest fut entièrement reconstruite et les deux tours de la grande façade exhaussées et finies par sir Christophe Wren, l'illustre architecte de Saint-Paul. Il est à re-

gretter que ces tours jumelles, et imposantes d'ailleurs, aient été rétrécies à partir de l'ancienne maçonnerie, et que le style, bien qu'ogival, soit un peu altéré. Ces tours, auxquelles
on monte par un escalier de 283 marches, ont 209 pieds français de haut jusqu'à la
pointe des quatre pinacles qui s'élèvent aux angles.

C'est dans une partie du transept méridional de l'église que sont déposés les restes
et les mausolées d'un grand nombre de poètes anglais, dont les tombeaux forment un
cortége funéraire autour de ceux de Shakspeare et de Milton. . . . Aussi cette portion de
l'édifice est-elle nommée *le coin des poètes* (*the poets' corner*).

Le chapitre, qui date de l'année 1200, a été rattaché à l'église par un portique ogival
universellement admiré. La chambre des communes y tint ses séances du consente-
ment de l'abbé, depuis 1377 jusqu'au règne de Henri VI, époque à laquelle elle transporta
ses assemblées dans la chapelle de Saint-Étienne, incendiée depuis quelques années.

Voici les principales dimensions connues de l'église : longueur 511 pieds anglais,
avec la chapelle de Henri VII; largeur 71 pieds 9 pouces; longueur des transepts 203
pieds. Cet immense espace est rempli maintenant des monumens consacrés aux rois,
aux reines, aux princes, généraux, amiraux, savans, poètes, orateurs, acteurs de la
Grande-Bretagne. Westminster est obligé de verser aujourd'hui son *trop plein* dans Saint-
Paul dont la vaste enceinte, église et caveaux, attend aussi les morts célèbres. C'est une
noble et morale pensée de placer ainsi le repos des tombes illustres sous une égide sacrée.
Notre France est aussi féconde en génies et en talens que sa rivale d'outre-mer; mais,
par suite d'un déplorable malentendu entre la philosophie et la religion, le temple
anglais est plein des gloires nationales tandis que notre Panthéon est vide !

CATHÉDRALE DE PALERME.

N° 92.

Palerme était une ville célèbre dans l'antiquité. Thucydide rapporte que les Phéniciens,
lors de l'arrivée des colonies grecques en Sicile, dès le premier siècle de la fondation
de Rome, se retirèrent à *Panormos*, que les Latins appelèrent depuis *Panormus*. Mais,
hélas! Grecs et Latins commirent une faute d'orthographe, si l'on en croit M. Lefeb-
vre de Villebrune, attendu que *Panorme* vient de deux mots puniques, *pan-horm*, qui
signifient, dit-il, *rupes cingens* (enceinte de rochers). Nous nous abstenons humblement,

et présentons seulement une observation : c'est que le phénicien nous semble un peu jouer le rôle du *celte* dans nos étymologies françaises.

La situation de Palerme est admirable ; elle est fort élégamment et très fidèlement décrite par M. Farjasse, voyageur moderne, à qui nous ferons un emprunt ratifié par tous nos lecteurs.

« Sur la côte septentrionale de la Sicile, entre les monts Pellegrino et Catalfamo, une « plaine vaste et féconde s'étend vers la mer en pente insensible ; une enceinte demi-cir- « culaire, formée par une suite de montagnes dont les crêtes sourcilleuses et arides sont « découpées comme les créneaux d'une forteresse du moyen-âge que le temps aurait enta- « mée, protége cette vallée contre les vents brûlans du midi ; le platane indigène, le ficus « opuntia, l'aloès, le palmier, donnent au paysage une physionomie analogue à celle de l'A- « frique, sa plus proche voisine. Une infinité de ruisseaux l'arrosent et répandent la frai- « cheur et la fertilité dans mille vergers, dans mille bosquets d'orangers, de myrthes, de « cédrats et de lauriers-roses dont les parfums se mêlent dans les airs. C'est au milieu de « cette corbeille de fruits et de fleurs, au milieu de cette *aurea concha*, de cette conque « d'or que s'élève Palerme la fortunée, *Palermo felice*. Les anciens représentaient le génie « de Panorme assis dans une coquille, pour exprimer l'heureuse situation de cette ville. »

Palerme fut occupée successivement par les Carthaginois, les Romains, puis par les Grecs du Bas-Empire, les Sarrasins, les princes normands, les Français de la dynastie d'Anjou, les Aragonais, les Espagnols, les Français de la race des Bourbons, et momentanément par les Anglais sous Napoléon et *il re Joachimo*, l'infortuné Murat.

Messine disputa long-temps à Palerme, dans les siècles intermédiaires, le titre de capitale, tant que la Sicile fut gouvernée par des princes particuliers ; mais cette dernière ville fut toujours, en réalité, le *caput regni, prima sedes et corona regis*, et une population plus que double vient joindre le fait au droit. Palerme, en effet, compte près de deux cent mille habitans dans une enceinte presque circulaire, d'une étendue à peine égale au péri- mètre d'Amiens. Que l'on juge de la foule, du bruit et des embarras des rues, surtout lorsque l'on saura que les gens de métier travaillent en dehors de leurs maisons et sur les trottoirs.

Deux grandes rues *di Toledo* et *di Cassaro* traversent la ville entière ; elles se coupent à angle droit, et, au point d'intersection, leurs axes forment une place octogone régulière ornée de deux façades d'églises, de statues et de fontaines.

La rue de *Cassaro* prit son nom d'un vieux château situé à l'orient de la cité bâti par les Sarrazins, et du mot arabe *cassaer*, citadelle. Robert Guiscard et Roger Ier l'embellirent et y firent construire une église ; mais Guillaume Ier détruisit ce monument, et le remplaça par le *Palazzo Nuovo*. C'est un édifice considérable, mais sans harmonie et sans unité ; la chapelle royale est étincelante de marbre, de mosaïques et de dorures. Le comte Roger en jeta les fondemens en 1129. Nous y remarquerons, comme souvenir national, un bas-re- lief représentant le mariage du duc d'Orléans avec la princesse Amélie, et un ostensoir ma- gnifique, offert récemment par le prince de Joinville au nom de son père.

La cathédrale, fondée en 1170 par l'archevêque Gauthier, sous le règne de Guillaume II, est un vaste édifice d'un aspect imposant, mais d'un genre hybride; c'est un carré long avec croisillons, terminé à chaque extrémité par quatre tours élancées à fenêtres ogivales et à flèche; au centre s'élève un dôme d'architecture italienne. Le pont aérien que l'on aperçoit dans la lithographie rallie au corps de bâtiment une cinquième tour détachée d'une autre forme, mais d'une élévation à peu près pareille. La principale façade est latérale; c'est celle que nous reproduisons; elle s'ouvre sur une place allongée qui la sépare de la rue Neuve ou de Tolède; cette entrée est d'un style mélangé, que M. Fargasse désigne non sans raison sous l'appellation d'arabo-normand, ainsi que la masse extérieure et les campaniles. L'ensemble semi-oriental et semi-européen est grandiose et majestueux; mais au premier examen on reconnaît des retouches, des variétés et même des hostilités de style, qu'on me permette cette expression.

L'intérieur est moins splendide et moins beau que l'extérieur, bien qu'il soit aussi fort orné. On y trouve, ainsi que sous les voûtes de l'église souterraine, les tombeaux de Roger, premier roi de la Sicile, des empereurs Henri VI et Frédéric II, de deux impératrices et d'un grand nombre de princes et d'archevêques. Les autres églises de Palerme sont celles de *la Martorana*, dont j'ai donné la description, N° 56, de l'*Angelo Custode*, de l'*Olivella*, de Saint-Joseph, de Saint-Tite, de *Santa-Teresa* et de *Santa-Maria-alla-Catena*. Les édifices religieux sont très nombreux, au reste; mais ce ne sont pas des monumens capitaux.

Les autres objets dignes de l'attention des étrangers sont quelques portes, le jardin botanique, les catacombes, la belle promenade et la place de la Marine, les fontaines, le palais d'Orléans, le palais arabe de la Cuba et celui du prince de Butera.

En somme, Palerme est une cité intéressante; les voyageurs ont le tort de s'arrêter à Naples; la sœur cadette d'outre-mer vaut bien la sœur aînée [et ne mérite pas d'être aussi négligée.

SAINT-NIZIER,

A LYON.

N° 93.

Lyon, admirablement placé au confluent du Rhône et de la Saône, en communication avec la mer par un fleuve trop rapide autrefois, mais que les bateaux à vapeur remontent facilement aujourd'hui, Lyon, renommé par ses fabriques, puissant par sa population, entrepôt du commerce de l'est et du midi de la France, Lyon est la seconde ville du royaume. Puissent ses malheurs militaires et sa gêne causée par les faillites des États-Unis se réparer promptement, et ses industrieux et braves habitans retrouver et accroître leur ancienne prospérité !

Voici, selon les divers historiens résumés par M. A. Thierry, l'origine de Lyon :

« De graves dissensions domestiques s'étaient élevées dans l'enceinte des murs de Vienne « (en Dauphiné) durant les guerres de César et de Pompée ; une partie des habitans avait « chassé l'autre ; réfugiés sur les bords du Rhône, près de son confluent avec la Saône, les « bannis viennois y vécurent long-temps campés dans des cabanes ou sous des tentes. L'an-« née qui suivit la mort du dictateur, le sénat romain forma le dessein de les coloniser et « de leur bâtir une demeure ; il chargea de ce soin le gouverneur de la province, Plancus, « dont il redoutait et voulait occuper l'esprit turbulent. A l'endroit où la Saône se jette dans « le Rhône, sur le penchant d'une colline qui la borde à l'occident, était situé un « village ségusien, nommé *Lugdunum* ; Plancus s'en empara, le reconstruisit et en fit une « ville où il établit les exilés. Plus tard, Auguste, charmé de la beauté du site, y attira une « colonie militaire. »

Auguste fit plus, il y vint lui-même l'an 738 de Rome, accompagné de Tibère, et y résida trois ans. La cité, déjà fort importante, devint la capitale des Gaules, fut dotée de somptueux édifices, d'un sénat à l'instar de Rome, etc.

Voilà, il faut l'avouer, un bien prompt accroissement ; et, si l'on en croit des auteurs locaux, qui prétendent que Lyon, alors *Leopolis* ou *Leontopolis*, avait pris pour armes un lion, par reconnaissance pour Marc-Antoine son bienfaiteur, dont ce noble animal était le symbole, il faudrait un peu reculer la fondation de cette ville célèbre.

Quoi qu'il en soit, Lyon, nommée aussi *Rhodanusia* au temps d'Irénée (par dérivation du Rhône), devint la métropole des Gaules et le séjour momentané de plusieurs empereurs romains. Claude obtint du sénat son érection en cité romaine et prononça en cette circonstance un discours gravé sur deux tables de bronze par la reconnaissance lyonnaise. Caligula établit dans cette ville des prix d'éloquence et prit un bizarre plaisir à tourmenter les contendans en ordonnant que les vaincus paieraient les récompenses destinées aux vainqueurs, qu'ils effaceraient avec la langue leurs œuvres malheureuses, ou qu'ils seraient jetés dans le Rhône. C'est à ces cruelles et étranges conditions que Juvénal fait allusion en parlant d'un pâle et tremblant orateur :

Ut Lugdunensem rhetor dicturus ad aram.

Lyon, pendant les quatorze premiers siècles de son existence, a été incendié et pillé par les barbares ou les nationaux, et depuis lors il fut le théâtre de scènes tragiques. La Saint-Barthélemy fit couler des torrens de sang sous le poignard de Mandelot, non moins féroce alors que, depuis, Chalier et son couteau assassin. Cinq-Mars et de Thou furent exécutés place des Terreaux. Enfin personne n'ignore les désastres de 1793, de 1830 et de 1834 ; sujets trop récens et dont par bonheur la nature de notre travail nous dispense de raconter les déplorables scènes.

Maintenant Lyon respire, sa population reprend son ancien niveau ; la ville contient aujourd'hui près de trois cents rues, de belles places, des quais magnifiques et 199,738 habitans, savoir : 150,814 dans la cité proprement dite, 6,110 à Vaise, 17,934 à la Croix-Rousse et 22,890 à la Guillotière, faubourgs dont les municipalités sont distinctes, par une mauvaise administration, selon moi, et qui rend difficile toute amélioration d'intérêt général.

Les Romains ont laissé à Lyon de nombreuses traces de leur séjour et de leur magnificence. On retrouve les vestiges de quatre aqueducs, d'un théâtre, d'une naumachie, du forum et du palais des empereurs, des tombeaux, des inscriptions, l'autel dédié à Auguste, les tables de bronze qui contiennent la moitié de la harangue de Claude, un taurobole offert à Cybèle, trois citernes ; l'une est située dans l'enclos dit de l'*Antiquaille*, hospice de nos jours, palais du temps des Romains, où sont nés les empereurs Claude et Caracalla ; cette citerne, dont les murs sont revêtus d'un ciment aussi dur que poli, a 100 pieds de long, 12 pieds de large et 20 de haut ; le réservoir situé sous l'église Saint-Just et connu sous le nom de *Bains-Romains*, est formé d'une triple enceinte de portiques voûtés qui se communiquent entre eux dans tous les sens. Ce monument souterrain, parfaitement conservé, a des murs enduits de ciment rouge, de trois pieds d'épaisseur, d'une grande dureté, et 48 pieds de longueur sur une largeur de 44 et une élévation de 20 pieds.

On compte dix-huit églises à Lyon ; mais il faut reconnaître avec M. A. Hugo, qu'aucun de ces édifices n'est majestueux ni complet ; ils manquent tous d'étendue, d'élévation, et ne sont pas dignes de la seconde capitale du royaume.

La cathédrale dédiée à saint Jean, plusieurs fois renversée et reconstruite, fut commencée dans son état actuel aux xie et xiie siècles et continuée jusqu'au xve ; le portail ne fut terminé que sous Louis XI. Cette église du second et du troisième ogival est assez imposante à l'intérieur, mais l'extérieur est entouré de maisons et la façade est privée d'une place assez vaste pour le développement de l'ensemble. Elle est accotée de quatre grosses tours écrasées et lourdes ; il est aisé de reconnaître qu'elles n'ont pas été finies. Cette église, ancienne primatiale et siége d'un archevêché, devrait être terminée, et si l'on ajoutait aux quatre tours un étage symétrique avec plate-forme, galerie à jour et clochetons fleuronnés, on embellirait non seulement le temple, mais encore le panorama général de la ville, vaste océan de maisons sans caractère et sans éminences architecturales.

L'église d'Ainai, basse de voûtes, basse de clochers, est intéressante par son antiquité. Elle renferme les deux colonnes de l'autel d'Auguste, sciées en quatre par une barbarie artistique, égale à la grossièreté de main-d'œuvre qui a présidé à la restauration récente et prétendue *monostyle* de la façade.

L'église des Chartreux, fondée par Henri III sur le sommet de la montagne des Carmélites, à la *Croix-Rousse*, est remarquable par son dôme dessiné par Servandoni, mais sur de petites proportions.

L'église Saint-Paul, fort ancienne et d'une architecture *sui generis*, est une des plus intéressantes de la ville. Il est malheureux que dans les récentes restaurations on se soit préoccupé de l'intérieur en négligeant l'extérieur.

Les églises de Saint-Louis, du Collége, de l'Hôtel-Dieu, de la Charité, de Saint-Just, etc., sont des édifices modernes, corrects, mais mesquins et froids comme d'usage.

Plaise à Dieu que l'on répare la belle nef gothique des Cordeliers, que l'on rétablisse la flèche centrale de Saint-Paul, et que l'on construise un clocher élevé à Saint-Louis, une haute tour avec ornementation accentuée à Saint-Just, et qu'en achevant les décorations du dedans à Saint-Nizier, on n'oublie pas entièrement le dehors !

M. Joseph Bard nous annonce ces embellissemens dans ses bulletins chaudement colorés que publie l'*Art en Province,* édité par M. Desrosiers, à Moulins ; je souhaite vivement que ces projets passent de l'intention à l'exécution ; mais les mécomptes sont si fréquens en archéologie que, nouveau Thomas, je reste *jusqu'au doigt* dans l'incrédulité.

Saint-Nizier, dont je viens de parler, est, après la cathédrale, l'église la plus importante de Lyon ; elle a été fondée dans le IVe siècle de notre ère, sur une crypte où saint Pothin, premier évêque de la ville, avait élevé un autel à la mère du Christ. La piété et la gratitude des disciples de cet apôtre placèrent d'abord la chapelle sous son invocation et sous celle des quarante-sept compagnons de son martyre ; mais elle fut consacrée dans le VIIe siècle à saint Nizier. Détruite par les Sarrasins et rétablie sous Charlemagne, par l'évêque Leyderade, elle perdit le titre de cathédrale, et devint simple paroisse lorsqu'elle fut réédifiée dans le XIIIe siècle, après avoir été brûlée par les sectaires de Pierre de Vaux, en 1253. L'archevêque Louis de Villars l'érigea en collégiale en 1305. Le chapitre jeta dans les premières années du XVe siècle les fondations de l'église actuelle, *qui était d'une construction somptueuse,* aux termes d'une bulle de Calixte III, du 1er septembre 1456. Le clocher, commencé en 1463, fut achevé en 1471, et un négociant, nommé Renouard, refit à ses frais l'ancienne crypte, où l'on déposa le corps de saint Ennemond. On travaillait en 1585 au portail en conque ou *crypto-portique* de Philibert Delorme, dont l'entablement, couronné par une coupole sphérique en retraite, est soutenu par quatre colonnes doriques. Le chœur fut terminé en 1615.

La longueur du vaisseau, l'élévation des voûtes, l'élégance des colonnes en faisceaux, l'heureux agencement des nervures qui serpentent et s'entrelacent sous les arcs, la pureté et l'unité du style ogival, l'heureuse distribution de la lumière, la belle forme du fenêtrage, une certaine sévérité de l'ensemble qui n'en exclut pas la grâce, font de Saint-Nizier un temple très remarquable. On y admire quelques tableaux et la belle statue en marbre de la Vierge par Coysevox.

On restaure et on achève en ce moment Saint-Nizier, sous la direction de M. Pollet, architecte ; je m'en rapporte à son talent ; mais je crois de mon devoir de critique loyal et zélé de formuler franchement mon avis sur ces utiles travaux : L'église est composée de trois parties différentes ; le vaisseau est gothique, la conque appartient à la Renaissance, et le clocher tient des deux dans son style bâtard ; je pense qu'il conviendrait de déplacer la porte de Philibert Delorme, d'adapter à un autre édifice ce brillant hors-d'œuvre, et de reconstruire un autre clocher parallèle en le rattachant par une façade de style ogival modifié avec goût ; il serait trop coûteux de rebâtir deux flèches ; on peut conserver l'ancienne dont la pyramide n'est pas sans noblesse, en changeant quelques-uns de ses ornemens trop modernes. Que l'on agrandisse la place, que l'on élargisse la rue des Bouquetiers, que l'on perce une autre voie jusqu'à celle de Saint-Pierre, et Lyon aura un noble édifice et un beau quartier de plus.

Mais je m'aperçois qu'il ne me reste plus que l'espace nécessaire pour présenter la sèche nomenclature des bâtimens civils, après avoir dit que l'archevéché contient des appartemens vastes et beaux, supérieurs à ce qu'annoncent ses dehors qui sont fort ordinaires.

On remarque à Lyon le fameux hôtel-de-ville, l'hôtel-dieu et son dôme par Soufflot, les hospices, l'entrepôt, les ponts, la célèbre place Bellecour, les quais, le palais des Arts, le palais de Justice en construction, le collége, la bibliothèque, le Grand-Théâtre, et la Loge du change, aujourd'hui temple des protestans, ouvrage élégant du même Soufflot.

Lyon, cette cité glorieuse, est aujourd'hui dans un état de prospérité; un chemin de fer va la relier à Marseille, et bientôt ces deux villes seront véritablement comme production, port et entrepôt, les Liverpool et les Manchester de la France.

NICHE DANS LA CATHÉDRALE

DE SENS.

N° 94.

Sens était une ville célèbre et la capitale d'une nation gauloise, long-temps avant l'invasion et la consolidation des Romains en-deçà des Alpes. On connaît l'histoire et les émigrations des *Sennones* devenus une des tribus les plus puissantes des Suèves en Germanie, les guerres de Brennus, la bataille d'Allia, le sac de Rome, l'assaut du Capitole sauvé d'abord par les oies, puis par le génie de Camille (un mauvais plaisant disait que les extrèmes *se touchent*), l'expédition des Sénonais-Celtes en Italie, l'an 473 de Rome, leurs malheurs en Dardanie, leurs succès dans la Thrace, enfin leur établissement dans cette partie de l'Asie-Mineure à laquelle ils firent donner le nom de Gallo-Grèce. C'est aux descendans de ces derniers que saint Paul adressa son *épître aux Galates*.

Sens paraît avoir été l'*Agendicum* dont il est parlé dans les Commentaires de César. Je ne rapporterai pas les deux étymologies de ce mot ni de celui de *Sennones*, qui, comme d'usage, reposent sur de vrais *rebus*; je rappellerai seulement l'opinion grossière mais énergique de Scaliger sur les droits de Sens, vainement contestés de nos jours par M. Opois, vénérable habitant de Provins, dont l'amour national avait égaré le jugement : « *Agendicum* est la ville de Sens, et non pas Provins comme des insensés le pensent, *non autem Provins ut stulti putant.*

Sens soutint deux siéges, en 615, contre les généraux de Clotaire, dont les troupes, disent les naïfs légendaires, furent mises en fuite par le son des cloches nouvellement inventées; en 732, contre les Sarrazins défaits par les habitans commandés, dans une sortie, par saint

22

Ebbon, leur archevêque; enfin, en 886, contre les Normands qui, vaincus aussi, se vengèrent en brûlant les faubourgs et en abattant les moutiers bâtis autour de la cité. Henri IV, après la bataille d'Ivry, tenta inutilement aussi le siége de Sens, livré aux ligueurs, en mars 1590. Les habitans soutinrent trois assauts meurtriers, et le roi fut obligé de marcher sur Paris, afin de ne pas perdre le fruit de sa victoire sur Mayenne.

L'histoire militaire de Sens se termine en 1814, lorsque les alliés, sous les ordres du prince royal de Wurtemberg, repoussés d'abord par le brave général Allix, avec une poignée de conscrits, pénétrèrent enfin dans la cité, grâce à un traitre, surnommé depuis *le Cosaque,* qui leur ouvrit la porte du Collége sur les remparts.

Sens, située sur la rive droite de l'Yonne qui la sépare d'un faubourg, et dans une plaine riante et fertile, coupée de jardins et de prairies, est d'une forme presque ovale, de 512 toises de long sur 250 de large. On la compare à l'île de la Cité dans Paris, qui a 480 toises de long sur 140 de large. Des murailles de construction romaine avec quelques tours rabaissées au niveau des remparts environnent encore la ville. Elles sont assises sur d'énormes blocs de pierre; l'appareil se compose de petits moellons carrés de quatre pouces, séparés de distance en distance par trois rangs de brique.

Neuf portes donnaient entrée dans la ville; l'une d'elles intéressante pour l'archéologue, celle de Notre-Dame, a été détruite depuis quelques années à peine. Presque toutes les portes actuelles sont renouvelées et se composent de deux pilastres sans grille ni barrière; on remarque cependant sur la grande route, en allant à Auxerre, un arc de triomphe médiocre.

Les fossés de Sens ont été comblés, et de charmantes promenades plantées d'arbres, couvertes en partie d'un gazon très bien entretenu, font le tour des vieilles murailles et contribuent à la beauté et à la salubrité de cette jolie ville, dont les rues, au nombre de 45 *intra muros*, sans compter les places et les voies publiques des faubourgs, sont en général droites, bien percées et lavées par des ruisseaux pendant toutes les nuits. Le nombre des maisons était de 1,815, d'après le cadastre de 1817, savoir, 918 dans la ville et 897 dans les faubourgs; en 1827 les maisons s'élevaient à 1,895; aujourd'hui on doit en compter au moins 2,000. D'après le recensement de 1837, Sens renferme 9,095 habitans, et sa population devra suivre une progression légèrement croissante. Cette ville, archevêché, chef-lieu de sous-préfecture et de tribunal de première instance, arrosée par l'Yonne dont on perfectionne la navigation, traversée par les routes de Paris à Lyon et à Dijon, augmentera nécessairement; d'ailleurs l'agrément de sa position, le prix modéré des vivres, sa proximité de la capitale, le caractère enjoué de ses habitans, la font choisir pour retraite à beaucoup de rentiers.

Sens possédait autrefois un grand nombre d'édifices religieux, l'abbaye fameuse de Saint-Pierre-le-Vif, fondée en 550 par Théodéchilde, fille de Clovis, d'après une vieille chronique rimée :

> Théodéchilde, reine, a fait bâtir ce lieu,
> Le dotant de grands biens pour les hommes de Dieu;

les abbayes royales de Saint-Antoine, de Sainte-Colombe, etc., et une vingtaine de monastères et de paroisses. Il ne reste plus que quatre églises ou succursales de peu d'importance sous le rapport architectural, et la cathédrale dédiée d'abord à Notre-Dame et placée aujourd'hui, par un singulier changement, sous le vocable de Saint-Étienne.

Cette église fut fondée, dit-on, au commencement du IIIe siècle par saints Potentien et Savinien, qui subirent tous deux le martyre. Le premier édifice construit en bois fut entièrement incendié en 968. Saint Anastase, surnommé l'homme-dieu, rebâtit la métropolitaine, qui fut consacrée par l'évêque Sévin en 999. Mais elle fut presque entièrement réédifiée sur un plan plus grandiose de 1143 à 1168, à l'exception des deux tours et du transept d'une époque plus récente. La tour septentrionale fut érigée en 1184 sous Philippe-Auguste; la tour méridionale, qui s'était écroulée en 1267, fut relevée immédiatement par Pierre de Charny, exhaussée par l'évêque Sallasard et surmontée en 1532 d'une élégante lanterne par les soins du cardinal Duprat.

L'église de Saint-Étienne est majestueuse et du deuxième ogival le plus sévère; l'ensemble gagne en majesté ce qu'il perd en richesse et en élégance gothique. Le portail est composé de trois étages; le plus bas percé de trois portes dont la principale est plus ornée que le reste de l'édifice; le second de verrières ouvertes seulement dans le compartiment du centre, et le troisième, divisé en deux rangs d'arcades. Les statues des rois, prophètes et apôtres qui enrichissaient cette façade ont été détruites en 1793. Au dessus du portail s'élèvent la tour du nord terminée en bois et revêtue de plomb, par un *provisoire qui dure depuis* 1184, et la tour du midi, couronnée par une galerie d'où surgit au dessus de l'escalier une élégante campanille bâtie par Godinet, architecte de Troyes. Cette lanterne que surmontait une statue du Christ, descendue en 1774 et non remplacée, s'élève à 252 pieds au dessus du pavé de la grande place.

La cathédrale de Sens est en croix latine et composée d'une nef, de bas-côtés et de vingt chapelles; le style en est varié du XIIe au XVe siècle. Quatorze piliers isolés soutiennent la nef et seize le chœur; ils affectent tantôt la forme du faisceau, tantôt celle de la double colonne engagée sous le même tailloir. La longueur totale de l'édifice dans œuvre est de 352 pieds, la largeur de 114 et la hauteur sous clef de 90. A l'intersection de la nef et des bras de la croix s'élevait jadis une aiguille élégante qui, brûlée, n'a pas été rétablie; cette perte est fort regrettable; car, ainsi que je l'ai dit, l'édifice est un peu lourd.

Les objets les plus intéressans de cette église sont les vitraux, et notamment ceux de la rose du portail d'Abraham, qui représentent au centre l'apothéose du Christ, et du portail de Saint-Étienne, qui reproduisent la Mort, le Jugement, le Paradis et l'Enfer; la verrière de la chapelle de Saint-Eutrope, attribuée par Dangeville et Félibien au célèbre Cousin; le mausolée en marbre par Guillaume Coustou, du grand dauphin, fils de Louis XV, père de Louis XVI, et de Marie-Josèphe de Saxe, sa femme; le tombeau du chancelier Duprat, dont il ne reste plus que les bas-reliefs, en marbre également; un relief estimé placé au dessus de l'autel où saint Louis a été marié avec Marguerite de Provence, le 27 mai 1234, enfin divers tableaux qui ne sont pas sans mérite.

J'allais oublier parmi les personnages inhumés dans la cathédrale le maréchal Du Muy, menin du dauphin, et qui repose dans le chœur à ses pieds. Par contre-partie de la belle inscription de Montpellier, *A Louis XIV après sa mort*, on aurait pu graver ces mots sur la pierre tumulaire du serviteur dévoué : *Fidelis post mortem!*

DRESSOIR ET DAGUES.

Nos 95 et 96.

FAÇADE DE L'ÉGLISE ABBATIALE

DE SAINT-GEORGES DE BOSCHERVILLE.

N° 97.

J'ai déjà donné dans la première partie de ce texte, page 22 et suivantes, la description complète de Saint-Georges de Boscherville, ancienne église d'une puissante abbaye, aujourd'hui humble paroisse d'un pauvre village, mais riche d'histoire et d'archéologie. La vue générale de l'édifice manquait à notre collection ; M. André Durand s'est chargé de combler cette lacune, et il l'a fait avec sa facilité et son bonheur d'expression habituels. Je ferai une seule remarque sur l'architecture du monument que les Anglais, comme je l'ai déjà dit, appellent *vierge* par excellence. L'expression, juste pour l'intérieur, est trop absolue pour la façade. Tout est pur roman, à l'exception des deux clochers, depuis la face lisse du square où l'ogive naissante remplace le plein cintre, et dont les ornemens et les clochetons ont une délicatesse que n'avaient certainement pas les flèches primitives.

INTÉRIEUR DE L'ÉGLISE DE SAINT-MACLOU,

(BAS-COTÉS) A ROUEN.

N° 98.

Paris et Rouen sont, pour ainsi dire, les villes de France les plus ogivales ; toutes les deux, après avoir fait des pertes immenses en édifices gothiques, sont très riches encore en monumens de cette brillante architecture ; toutes les deux elles ont une physionomie prononcée de moyen-âge dans une partie de leurs rues étroites et tortueuses, de leurs maisons particulières pittoresques, de leurs hôtels à fenêtres, tourelles et encorbellemens découpés : toutes les deux, elles ont eu successivement plusieurs îles réunies, plusieurs enceintes murées, plusieurs palais et châteaux-forts détruits; toutes les deux situées sur la Seine, bordées de quais nouveaux, capitales l'une du royaume, l'autre du puissant duché de Normandie, devenues aujourd'hui le centre d'une immense fabrique, traversées par des ponts dont l'un, à la pointe de l'île Sainte-Croix, supporte la statue en bronze du grand Corneille, comme l'autre, à l'extrémité de la Cité, soutient celle du bon Henri IV. Enfin, les cités de Rouen et de Paris semblent deux sœurs aux destins entrelacés, et dont l'histoire, la description artistique et commerciale, devraient être écrites dans un même ouvrage et sur deux plans parallèles.

Rien ne me serait plus aisé que d'établir une comparaison dont les rapports multipliés exciteraient la surprise et l'intérêt; mais, privé de l'espace nécessaire, je me borne à déposer ici le germe d'un agréable ouvrage; que d'autres plus heureux le développent, et je promets à l'auteur du bonheur dans son travail, et un plaisir piquant à ses lecteurs.

Rouen est une des plus anciennes villes de la Gaule, et son nom latin *Rothomagus*, très médiocrement euphonique, a subi dans notre langue la torture des étymologies hasardées. Les uns le font dériver d'un pseudo-roi *Magus*, fondateur de la ville, d'autres de *roth*, fleuve, et *magus*, bourgade gauloise. Mais il faudrait que le prétendu sens celte fût reconnu à *priori* et non à *posteriori*, comme toujours.

César ne parle point de Rouen; mais cette ville est citée par Ptolémée comme chef-lieu des *Vélocasses;* elle fut comprise par les Romains dans la deuxième Lyonnaise, conquise par les Francs, cédée par Charles-le-Simple à Rollon, assiégée tour à tour par les Anglais et les Français, souillée par l'assassinat du jeune Arthur égorgé par son oncle, déshonorée par le meutre juridique de Jeanne-d'Arc, et enfin teinte du sang d'Antoine de Bourbon, roi de Navarre, blessé mortellement sous ses murailles dans les guerres de religion.

De nos jours Rouen, placé entre le Havre et Paris, relié à ces deux villes par un embranchement du chemin de fer, baigné par la Seine qui, grace au flux, lui apporte des bâtimens de 200 tonneaux, centre d'une immense fabrication, est appelé à de beaux destins, si l'on exécute sur la rivière des canaux et des coupures, aisées grace au progrès des sciences et qui raccourciraient de moitié le cours sinueux du fleuve depuis le mont Valérien jusqu'au cap de La Hève. D'après le dernier recensement, la population de la cité normande est de 92,083 habitans, et avec ses annexes elle s'élèverait à 120,000 ames.

La description complète de Rouen exigerait un volume in-quarto. Il existe un grand nombre d'ouvrages sur ce sujet; je renvoie à ceux de MM. Deville, Gilbert, Liquet, de Laquerrière et Langlois, que les arts viennent de perdre, et à qui sa ville natale érige un tombeau après l'avoir laissé vivre ignoré, presque nu et mourant de faim! Les vers de J.-B. Rousseau seront-ils donc d'une éternelle et cruelle vérité!

Rouen s'étend sur la rive droite de la Seine et monte graduellement jusqu'au pied des collines qui le bordent en demi-cercle. Une verte ceinture de boulevarts environne ses maisons pressées et ses édifices élancés ; à ses pieds se serrent des navires entassés depuis le pont de Sainte-Croix jusqu'au mont Riboudet.

On possède diverses vues à vol d'oiseau et à perspective de cette cité ; sa richesse en monumens gothiques à flèches aiguës et dentelées, à clochetons à jour, à tours carrées, à galeries découpées, était prodigieuse. Le nombre de ces édifices est réduit des trois quarts, et cependant on vend aux enchères chaque jour, dans les études de notaires, des églises sécularisées, devenues des ateliers de forgerons, des magasins de sucre, de foin ou de plomb ; d'autres, plus malheureuses, sont vouées à une destruction immédiate. J'ai vu à mon dernier voyage, affichée et publiée dans les journaux normands, l'église Saint-Nicolas, charmante fabrique ogivale, dont sans doute il ne reste plus en ce moment que le nom dans la mémoire des hommes !

Les édifices religieux encore debout sont la cathédrale, dont on rétablit en fer coulé la flèche centrale, jusqu'à la hauteur de 436 pieds, d'après le plan de M. Alavoine ; la basilique admirable de Saint-Ouen, dont le portail est inachevé et dont les deux tours rampent encore tandis que leur front devait s'élever dans les nues, d'après le projet original ; Saint-Maclou, dont la flèche a été amputée, Saint-Vincent, son riche portail et sa belle tour centrale, la campanille de Saint-Laurent, Saint-Patrice et ses beaux vitraux, Sainte-Madelaine et sa coupole trop écrasée, Saint-Nicaise au chœur bien découpé, la crypte de Saint-Gervais, Saint-Godard et ses verrières. Les autres objets remarquables sont la tour de l'Horloge, le Palais-de-Justice, l'archevêché, l'hôtel Bourgthéroulde, la Bourse, la Douane, les deux ponts nouveaux, l'hôtel-de-ville, ancien palais abbatial assez mal approprié à sa destination, les statues de Corneille et de Boyeldieu, les bibliothèques, la vieille halle, les musées, les quais et les promenades, les fontaines et quelques maisons particulières.

C'est du haut de la montagne Sainte-Catherine et des ruines d'une ancienne forteresse que l'admirable panorama de Rouen se développe avec le plus d'avantage ; il offre un spectacle vaste, enchanteur, poétique et varié. En voyant au dessus des maisons s'élever les têtes hardies des monumens conservés, on oublie un instant les édifices détruits ; on pardonne aux Rouennais leurs sacriléges dévastations et leurs ventes à l'encan d'églises encore vivantes ; on ne pense plus pendant un instant à l'inscription placée sur la façade de la noble tour d'Amboise, dont la ruine fut ordonnée et dont le sort était résumé dans ces trois vers prosaïques d'une froide et effrayante barbarie, long-temps inscrits sur les ruines de tant d'édifices renversés :

MONUMENT DE VANITÉ,
DÉTRUIT POUR L'UTILITÉ,
L'AN DEUX DE L'ÉGALITÉ.

ESCALIER DE SAINT-MACLOU,

N° 99.

Saint-Maclou est la troisième église de Rouen pour l'importance et la beauté; elle vient immédiatement après Saint-Ouen et la cathédrale. Toutefois, dans la hiérarchie établie, l'étendard de Saint-Maclou précédait celui de toutes les autres paroisses, et l'église conservait seule les saintes huiles qu'elle distribuait aux autres circonscriptions ecclésiastiques; ce privilége était indiqué par deux vases placés aux deux côtés de la croix qui couronnait le grand portail. Enfin cette église portait le nom spécial de *fille aînée de M. l'archevêque*, filiation morale touchante et sacrée.

Pour répondre à ces honneurs ecclésiastiques, l'architecte, dont le nom mériterait d'être connu, fit les plus grands efforts afin d'ériger un noble monument religieux sur les ruines d'une ancienne chapelle encore située hors des murs de la vieille ville en 1228. Les travaux furent commencés dans le milieu du xve siècle et presque terminés en 1511, époque où l'on éleva la plate-forme destinée à supporter le clocher central.

Le principal portail de Saint-Maclou s'élève en face de la rue Cocquerel : la droite était masquée par une maison que l'on vient de démolir, et il serait à souhaiter qu'une place permît de découvrir cette magnifique entrée. Cinq portes, dont celle du milieu est plus avancée que les autres qui se retirent graduellement et symétriquement, ornent la façade; elles sont séparées par des contre-forts terminés en pinacles élégans, ornées de voussures à tabernacles et statuettes, de tympans et d'archivoltes à reliefs ou découpures, et surmontées de pignons très aigus, dentelés et à jour, de l'effet le plus gracieux. La rose est couronnée d'un ornement de même nature et accompagnée de clochetons reproduits aux quatre coins de la lanterne et de la coupe aérienne la plus heureuse; une ligne ascendante à jour vient s'y rattacher des deux côtés et produit un ensemble d'une richesse et d'une légèreté admirables. C'est, selon moi, la page gothique fleurie la plus élégante de Rouen.

Le portail latéral sur la rue Martainville est aussi une belle composition monostyle. On remarquera principalement comme ouvrage de sculpture les reliefs représentant la mort de la *Vierge* sur cette entrée, *le baptême de Jésus-Christ* sur la porte de la grande façade, et comme étude de mœurs au moyen-âge les *obscena* placés sur la porte de gauche.

L'intérieur de Saint-Maclou, composé de nefs, bas-côtés, chapelles et croisillons, est digne de la richesse de l'intérieur; la nef seulement est un peu courte; la longueur totale de l'édifice dans œuvre est de 142 pieds et sa largeur de 76, y compris les collatéraux.

L'escalier est un bijou gothique généralement connu; mais il est hybride malheureusement. La galerie circulaire qui monte avec les degrés est de style ogival, tandis que la tribune et les reliefs soutenus par un lourd pilier sont de la renaissance.

Les vitraux très estimés sont bien conservés, sauf dans les parties inférieures où ils ont été brisés par le marteau passager des iconoclastes ou les pierres permanentes des enfans.

A l'intersection des transepts, la lanterne a 140 pieds sous clef; la tour centrale qui est à jour remplit l'église d'une douce, abondante et aérienne lumière. La plateforme supportait originairement un joli clocher en pierre, de 250 pieds de haut, en forme de cône effilé, et découpé depuis la base jusqu'au sommet; on y montait extérieurement sans échelle jusqu'à la croix. Il fut ébranlé par un ouragan dans l'année 1705; il menaçait ruine 30 ans après, parce que l'on n'avait fait aucuns travaux de consolidation. On en abattit alors une partie et le reste fut détruit à la révolution; on l'a remplacé depuis par une ignoble calotte d'une vingtaine de pieds de haut, couverte en ardoises et entourée d'ouïes circulaires. C'était le véritable moyen de faire regretter deux fois l'ancien monument.

HÔPITAL DE SANTA-CRUZ,

A TOLÈDE.

N° 100.

L'hôpital de *Santa-Cruz* (Sainte-Croix) est un magnifique édifice dû à la générosité des prélats de Tolède, ainsi que l'hospice de Saint-Jean-Baptiste, autre établissement d'une grande beauté architecturale, situé hors la ville, près la porte de *Visagra* (via sacra.)

L'hôpital de *Santa-Cruz* a été fondé par le cardinal archevêque de Mendoza sur un emplacement occupé d'abord par le palais d'anciens rois goths, puis par les derniers des rois mores. Les bâtimens commencés en 1504 n'ont été terminés qu'en 1514. L'illustre fondateur n'eut pas la consolation de voir son œuvre terminée; il mourut pendant les travaux et fut enterré dans la cathédrale. C'est une malheureuse idée; Gonzalez devait reposer dans l'asile par lui ouvert au malheur; la terre de la bienfaisance et de la pitié eût été légère à ses cendres, et quelques larmes de reconnaissance auraient mouillé le marbre de son tombeau.

Avec sa belle façade, ses escaliers, ses cours carrées à double étage en marbre blanc, son église, son dôme et ses chapelles ornées de tableaux et de statues d'un grand prix, l'hôpital de *Santa-Cruz* est un palais véritable. Grâce à la charité fastueuse de *Mendoza*, les malades et les souffreteux sont aussi magnifiquement logés à Tolède que le monarque de l'Espagne et des Indes à Madrid !

SERRURES,

ET CHAIRE ÉPISCOPALE.

N°s 101 et 102.

TOMBEAU DE SAINT SÉBALD,

A NUREMBERG.

N° 103.

En publiant une planche de détails sur le tombeau de saint Sébald à Nuremberg, nous donnerons la description complète de ce monument ignoré pendant longues années en Allemagne et devenu célèbre dans toute l'Europe depuis quelques années. C'est avec justice que les bourgmestres de Nuremberg ont fait placer, en 1833, sur la tombe de leur illustre concitoyen une couronne de lauriers et les armes de la ville dans un écusson avec cette inscription d'une éloquente simplicité.

A la mémoire du grand artiste Pierre Vischer, le magistrat de sa ville natale !

CATHÉDRALE DE NOYON.

N° 104.

Noyon est une jolie petite ville du département de l'Oise, de 5,945 habitans, située au pied d'une colline, à l'entrée de la belle vallée de Chauny, arrosée par la Vorse qui s'y divise en deux branches et fertilise ses nombreux jardins, entourée de murailles que l'on remplace par des promenades, rafraîchie par des fontaines dont l'une est due à la munificence d'un de ses évêques, le comte de Broglie, bien percée, bien bâtie, avec un hôtel-de-ville du genre espagnol dans les Pays-Bas, quatre faubourgs, un hospice, et surtout une belle église sous l'invocation de Notre-Dame.

Ce dernier édifice, vaste et majestueux, avait été long-temps négligé ; mais il attire maintenant les regards du gouvernement, qui vient de demander à la plume élégante de M. Vitet et au crayon fidèle de M. Ramée, architecte, une notice et des dessins sur le monument.

La façade de l'église est imposante ; le porche, ou narthex, fait une saillie assez considérable mais les balustrades à jour, les contre-forts évidés à demi-arcade, les nombreux degrés qui le supportent, lui donnent un caractère de grâce et de solidité tout ensemble. Les voussures et les pieds-droits des trois grandes portes ont été malheureusement dépouillés des statues, consoles et dais qui les ornaient autrefois. Les deux tours paraissent d'une majesté un peu lourde, parce qu'elles n'ont pas été terminées ou qu'elles ont perdu leurs clochetons et leurs flèches primitives en pierre. Il suffit de jeter un coup d'œil sur les consoles des angles et les pyramides à quatre pans couvertes d'ardoises de la toiture pour en être convaincu. Le bâtiment de gauche est la cage extérieure d'un cloître reproduit par le pinceau de M. Lecerf, aux dernières expositions du Musée, ainsi que la très élégante chapelle latérale, de gothique fleuri bien connue et dont le principal défaut est l'abondance des ornemens. La cathédrale commencée en 1184 sur l'emplacement d'une autre église, fondée, dit-on, par Charlemagne, a été bâtie pendant plusieurs siècles. Elle est principalement romaine, secondaire (voir la façade, tour méridionale et les retouches) gothique, 1re et 2e époques, et gothique flamboyant dans la chapelle et quelques détails. Le chœur et les branches de la croix sont circulaires. Elles étaient jadis accompagnées de deux tours rabaissées depuis à la hauteur du toit, comme à Spire et dans les grandes églises du Rhin, ce qui me conduirait à penser qu'on a suivi en grande partie le plan de Charlemagne.

Voici les dimensions matérielles de la cathédrale : longueur dans œuvre 280 pieds, id. des transepts 146 pieds 2 pouces ; largeur de la nef 31 pieds 6 pouces, id. avec les bas-côtés 61 pieds 3 pouces ; hauteur de l'église sous clef de voûte 71 pieds 6 pouces, id. avec le faitage 106 pieds 7 pouces ; hauteur de la corniche au dessus du pavé de l'église, tour septentrionale 152 pieds, id. totale avec le comble 202 pieds.

Noyon, célèbre par sa charte de 1098, est la patrie de Calvin dont la maison existe encore. Cette ville, placée entre Compiègne et Senlis qui lui ont enlevé tous ses établissemens publics, peut répéter tristement dans un autre sens :

> .... *Nimium vicina Cremonæ !*

Sa cathédrale, église métropolitaine d'un évêque comte et pair de France, n'est plus que la simple paroisse d'un chef-lieu de canton.

Noyon, forteresse célèbre, le *Noviomagus* des Romains, assiégé et pris par Jules César qui en parle dans ses Commentaires, séjour d'un préfet pendant le IVe siècle, Noyon où Chilpéric II fut inhumé en 721, Charlemagne sacré en 768, Hugues Capet élu en 928, Noyon ancienne capitale carlovingienne pendant plusieurs années, Noyon n'est plus qu'une simple et modeste justice de paix !

PLACE DU PALAIS VIEUX,

A FLORENCE.

N° 105.

Rome est surnommée *la sainte*, Naples *la voluptueuse*, Bologne *la docte*, Florence *la belle;* c'est la ville des artistes. Cette dernière cité mérite donc de nous un article spécial qui sera joint à la planche sur sa célèbre cathédrale, *Notre-Dame-des-Fleurs.* Nous nous bornerons aujourd'hui à quelques mots sur le *Palazzo Vecchio* et ses dépendances.

Cet édifice est une masse architecturale, grave, sévère, puissante et militaire tout à la fois. Construit par les habitans, en 1250, sur les dessins d'Arnolfo di Lapo pour être le siège du gouvernement, ce palais-forteresse est l'emblème et la démonstration du pouvoir démocratique. Sa tour, dite *la Vacca,* éleva sur les machicoulis, à 269 pieds selon M. Lalande, sa tête victorieuse et populaire au moment où les tours des maisons nobles s'abaissaient, aux termes d'un décret sévère des triomphateurs. On remarquera que le clocher s'avance en console sur la façade, par un véritable tour de force qui n'a pas nui à la solidité; car il dure intact depuis près de six siècles, tandis que le pouvoir souverain qu'il représentait et convoquait par les sons de l'airain est sujet aujourd'hui! Une belle salle intérieure, de 160 pieds de long sur 74 de large, conserve sur ses murs des tableaux en l'honneur de la république, et des Médicis.

La fontaine située à l'angle de la façade représente un Neptune de 18 pieds de haut, dû au ciseau d'Ammanati et 12 nymphes et tritons en bronze, œuvre de Jean de Bologne. La statue équestre, du même artiste, a été érigée en 1594 à Côme Ier. C'est une composition estimée mais un peu froide. La place dite *del Gran Duca* (du Grand Duc) est petite et irrégulière, parce que l'on n'a pas suivi le plan de Michel-Ange en continuant les trois seules arcades connues sous le nom de *la Loggia.* Elles abritent quatre morceaux capitaux de sculpture: *Persée, la tête de Méduse à la main,* de Benvenuto Cellini; *l'enlèvement des Sabines,* de Jean de Bologne; *Hercule renversant Cacus,* de Bandinelli; et enfin *David triomphant de Goliath,* par Michel-Ange. Faut-il décrire après avoir cité ces grands noms et ces beaux ouvrages? Non, mais admirer et se taire.

CHAIRE DE FREYBERG,

EN SAXE.

N° 106, 107 et 108.

Freyberg, aujourd'hui capitale de l'*Erzebirge* saxon, n'était qu'un petit bourg nommé *Christiansdorf* en 1189. Des marchands voyageurs ayant trouvé dans ses environs des échantillons de minerai, le margrave Othon dit le Riche entoura de murailles ce village qui devint une ville. Freyberg compte maintenant 1300 maisons, 10,000 habitans protestans, et seulement 60 catholiques. Ses mines d'argent, en pleine et fructueuse exploitation, occupent 5,000 ouvriers.

Les principaux édifices et établissemens publics sont les églises (depuis long-temps réformées) de Notre-Dame, Saint-Pierre, Saint-Jacques et Saint-Nicolas, l'hôtel-de-ville, l'hôpital, la bibliothèque publique, et un musée d'histoire naturelle très-abondant, comme on le pense bien, en échantillons minéralogiques.

L'église de Notre-Dame, commencée en 1484, selon Moller annaliste local, par Albert duc de Saxe et de Thuringe, sur l'emplacement d'une première basilique détruite par les flammes, est un temple de 256 pieds de long, 50 de large et 76 de haut, non comprise la chapelle mortuaire construite sous le règne de l'électeur Chrétien 1er. L'architecture générale est d'un gothique sévère, les piliers sans chapiteaux soutiennent une voûte ogivale à simples nervures entrelacées. Les principaux ornemens de cet édifice sont *la Porte dorée* arrachée à l'incendie de 1484, et la chaire à prêcher.

Cette chaire dont les vues d'ensemble et de détail sont dues à M. Léon de Laborde, auteur d'une excursion dans l'Arabie et d'un voyage dans l'Asie-Mineure, est une composition originale qui présente le mélange intéressant d'idées religieuses élevées et d'une exécution rustique et primitive, pour ainsi dire. La pensée de l'artiste est facile à saisir et l'allégorie est vivante. Les animaux rugissans qui défendent l'approche de cette chaire rappellent les passions mondaines, l'escalier rude et sans appui, la nécessité d'un travail vigilant, le siége du prédicateur, orné d'un calice entouré de fleurs, représente au physique la grâce et l'onction des exhortations pieuses qui doivent faire descendre le secours de la parole divine sur les fidèles assemblés. Ce symbolisme devient encore plus frappant par la reproduction des orateurs et des Pères de l'Église, sculptés autour de la tribune. Des anges ailés semblent vouloir emporter dans les airs la pensée intelligente de cette naïve mais éloquente composition. La Vierge, l'enfant Jésus et le Saint-Esprit, sculptés sur le couronnement, complètent l'allégorie et rattachent le monument au vocable de l'église consacrée à Notre-Dame.

Cette chaire, production des premières années du xvie siècle, est de pierre et d'une élévation d'environ 15 pieds. L'homme placé au bas des degrés, et qui tient un marteau et des ciseaux, représente le sculpteur selon la tradition, tandis que l'*atlas* qui supporte l'escalier dans une position génée et presque ridicule est, dit-on, l'effigie de l'élève dont le maître avait à se plaindre. Les artistes se sont vengés ainsi souvent: témoin Michel-Ange et le Dante qui placèrent dans les enfers leurs ennemis. Gardons-nous donc, la chaire saxonne en est un salutaire avertissement, gardons-nous donc d'allumer les haines de gens faciles à irriter par leur organisation délicate et nerveuse,

.... genus irritabile vatum.

Si nous craignons une punition qui s'étendra même au delà de notre vie, ménageons sur la terre les poètes, les artistes, les hommes d'inspiration, de puissance et de génie, les hommes du ciel, enfin, exilés parmi nous!

St MORET,
Avocat à la cour royale.

Dessiné d'après nature et lith. par Asselineau.

Chapelle de Villa Viciosa

dans la Cathédrale de Cordoue.

dressé d'après nature et lith. par Dupressoir.

Hôtel du Saumon,
à Malines.

à Paris, chez Veith et Hauser, boul. des Italiens, 11.   N°74.   Lith. de J. cremercier, Benard & Cie

Dessiné d'après nature par Girault de Prangey.

Lith. par Asselineau.

Cloître de la Cathédrale,
à Girone.

A Paris, chez Veith et Hauser boulevard des Italiens 21

N.º 75.

Lith. de Lemercier Bénard et C.ie

Churcy del.   Bachelier lith.

Abside Notre-Dame,
à Paris.

Paris, chez Ve Turel Hauser, Bouv. des Italiens, 11.   Imp. de Lemercier Bénard et Cie à Paris.

N° 6.

Chapitaux de Saint Germain des Prés, à Paris.

L. Danjoy lith.

Chapuy del.

L. Danjoy.

à Paris, chez Veith et Hauser, Boul.ᵈ des Italiens, 11.

N° 77.

Lith. de Bénard.

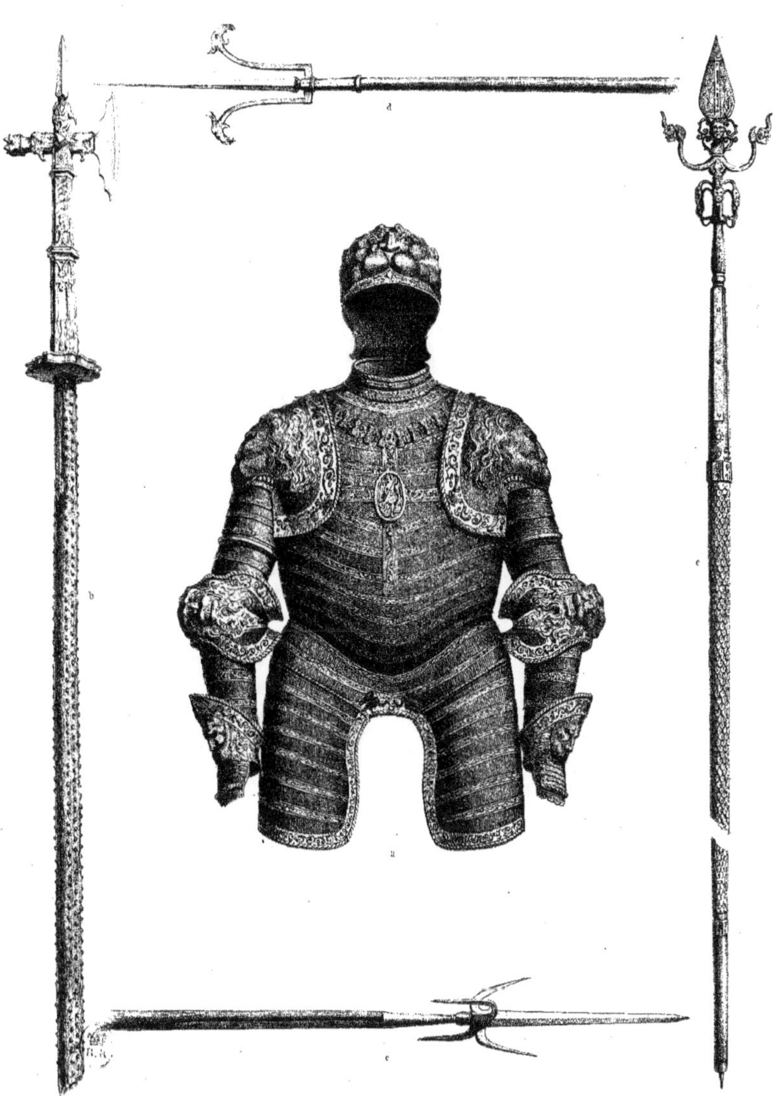

Dessiné et lith. d'après nature par Asselineau.

a. Armure de François 1er connue sous le nom de l'armure aux lions.

b. Pertuisane ayant appartenue à Edouard VI roi d'Angleterre.

c. Hallebarde du XVI.e siècle.

d. Lance garnie de Serpentins.

e. Harpin.

Tirée du Musée d'Artillerie de Paris sous les N.os 27, 441, 469, 442 et 436.

à Paris, chez Veith et Hauser, boul. des Italiens 11.

L. de Lemercier, Bernard, C.ie

Dessiné d'après nature et lith. par Dupressoir

Bassin du Commerce
à Gand.

N°. 79.

à Paris, chez Veith et Hauser, boul. des Italiens, n.

Lith. de Lemercier, Bernard et Cie

Cathédrale de Beauvais

Dessiné d'après nature et lith. par Asselineau.

à Paris, chez Veith et Hauser, boul. des Italiens, 11.

N° 80.

Dessiné d'après nature et lith. par Asselineau.

Intérieur de la Cathédrale
de Beauvais.

Dessiné et lith. par le Cᵗᵉ Turpin de Crissé.

Maison sur le grand Canal.
à Venise.

Nᵒ 82.

à Paris, chez Pollet, Éditeur, bd. des Italiens, 11.   Imp. de Lemercier, Bernard et Cⁱᵉ

Détails de l'église St Étienne
à Beauvais

N.° 83.

Dessiné et lith. d'après nature par Archereau

a. Casque de Bajazet II
b. Casque attribué à Attila
c. Bassinet du XV.e siècle
d. Casque du XVI.e siècle
e. Gantelet

Pièces du Musée d'Artillerie de Paris sous les n.os 136, 134, 140, 149 et 555.

Cathédrale de Guebwiller.

Cathédrale de Tolède.

Lith. et Dessiné par Asselineau d'après nature.

Lith. de Bernard et Frey.

Paris, chez Vᵉ et Plon ... Fond. des Italiens II.

Dessiné d'après nature par Asselineau

Intérieur de la Cathédrale de Tolède.

Fontaine D'Aille.

à Clermont.

Une Stalle.
Appartenant à M.r de St Remy.

N.º 89.

Chaises et Bénitier.

Appartement à M. Rousigné

N° 91

Chapelle de St. Erasme

Abbaye de Westminster à Londres.

N° 91.

Cathédrale
de Palerme
N°91

Gérault de Prangey del.   Asselineau lith.

à Paris chez Veith et Hauser, boul. des Italiens 21.   Imp. de Lemercier Bénard et Cⁱᵉ

Saint Nizier
à Lyon.

Niche prise à Sens.

N.º 94

Dessiné d'après nature et lith. par Kreutzberger

Dressoir

appartenant à Mr de St Remy

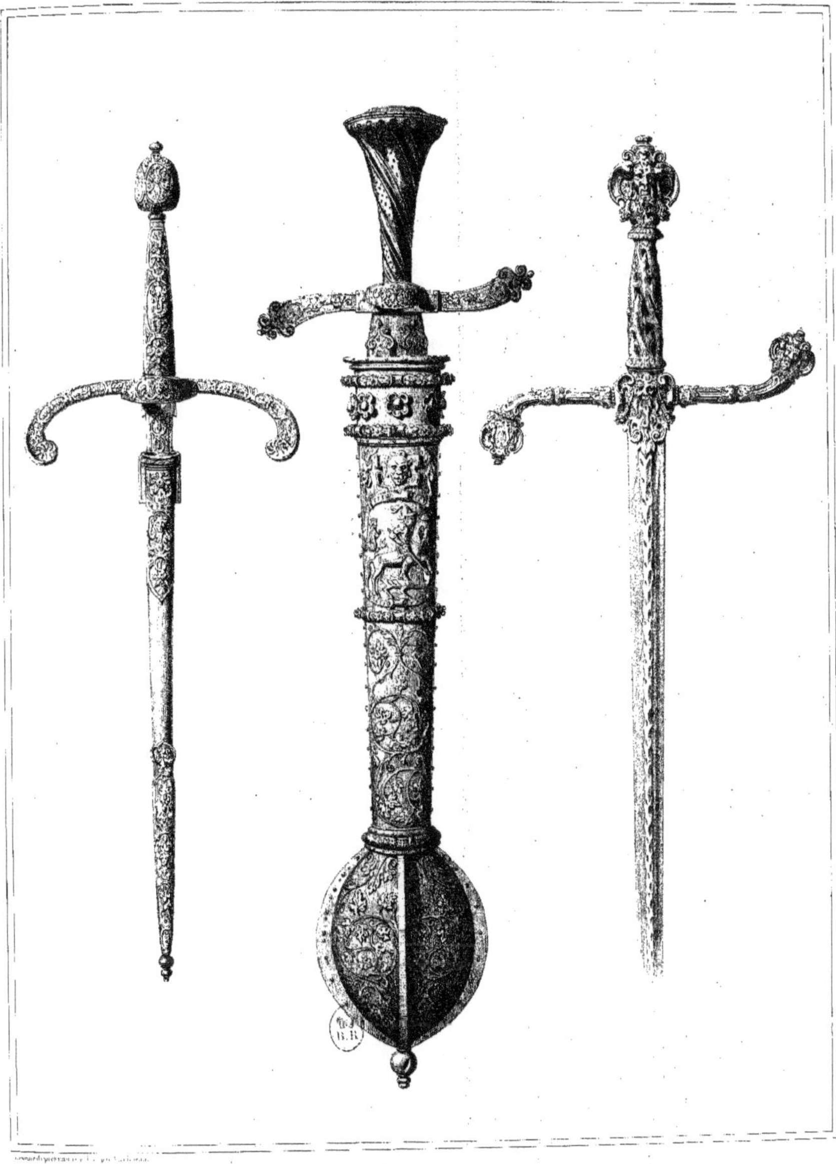

Dagues et Épée.
De la Collection de M.ʳ Sauvageot.

André Durand del. et lith.

Façade de l'Église abbatiale de Saint-Georges de Bocherville.

Dess. d'après nature et lith. par E. Deroy.

Intérieur de l'Église St. Maclou

(bas côtés) à Rouen.

N° 98

A Paris, chez Veith et Hauser, bould. des Italiens, 11.

Im. de Lemercier, Bénard et Cie.

Escalier de St. Maclou
à Rouen
N° 99

Paris chez Veith et Hauser, Boulevard des Italiens 11.

Hôpital de Sᵗᵉ Croix
à Tolède.

À Paris, chez Victor Hugo, Bvd des Italiens.　Nᵒ 203.　Lith. de Lemercier, Bénard et Cⁱᵉ

Serrures
de la Collection de M. Sauvageot.
T. 115.

Chaire Épiscopale
tirée du Musée Royal du Louvre

N° 117

À Paris chez Veith et Hauser Bd des Italiens 11.   Imp. Lemercier Bd ... et C.ie

Tombeau de St Sébald

à Nuremberg

N° 115

Cathédrale

à Noyon.

Place du Palais vieux à Florence
Palazzo Vecchio

Chaire de Freyberg.
(Saxe.)

N° 106

Dessiné d'après nature par Léon Delaborde.   Lith. par Aubrun.

Paris chez Veith et Hauser, boul. des Italiens, 11.   Im. de Lemercier, Bénard et Cie

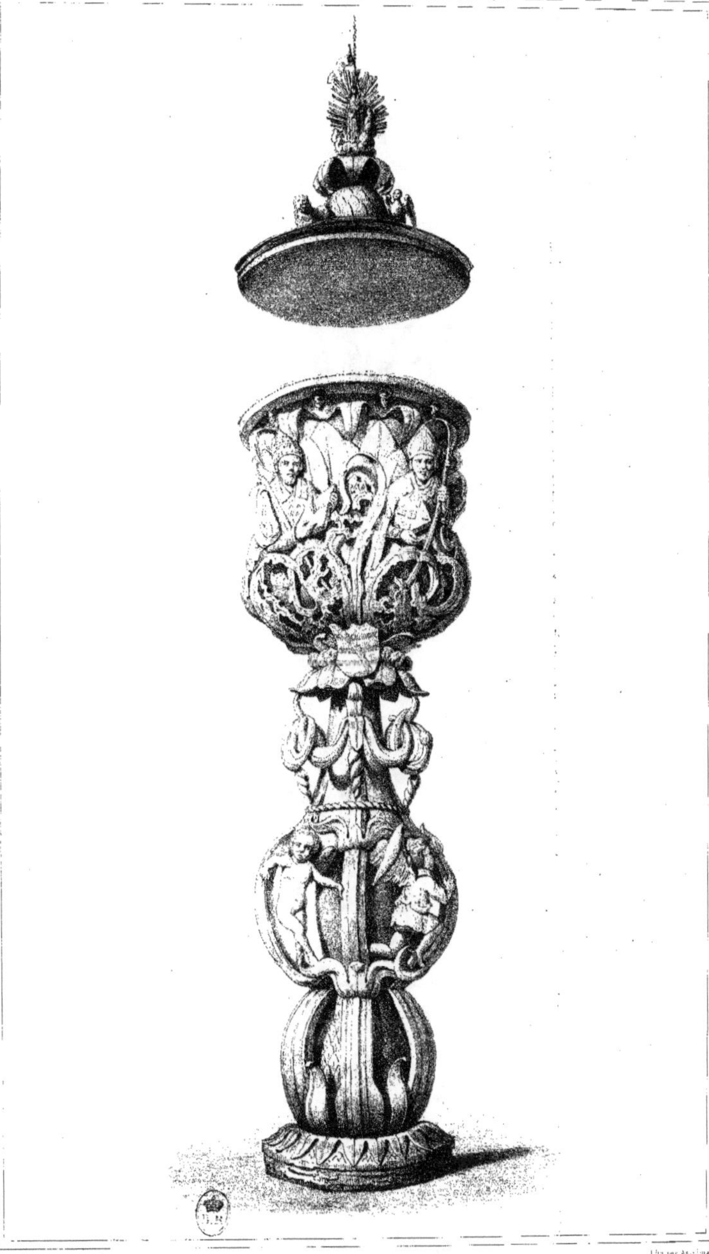

Dessiné d'après nature par Léon de Laborde

Lith. par Asselineau

Paris chez Veith et Hauser, boul. des Italiens 11.

Im. de Lemercier, Bernard et Cⁱᵉ.

Chaire de Freyberg.
Sculptée en pierre et comme elle se présente aux fidèles.

N° 107.

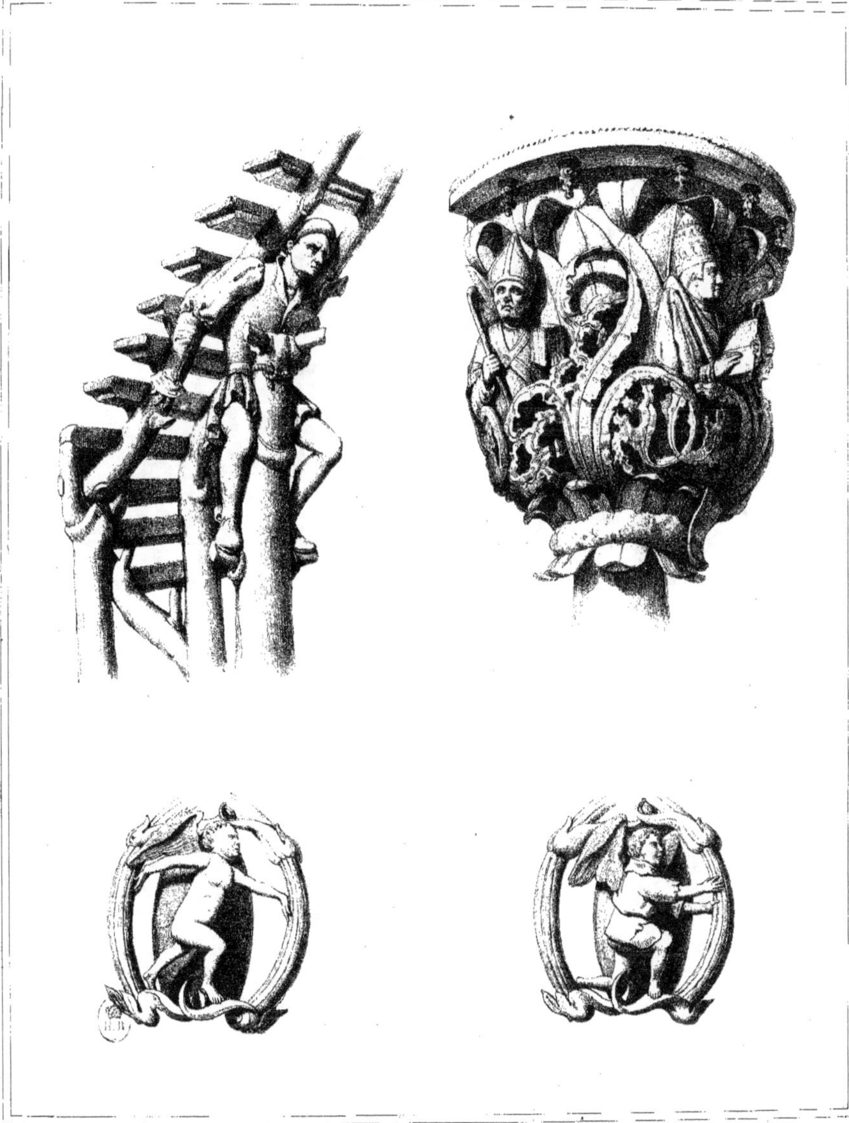

Détail de la Chaire de Freyberg
(Saxe) Sculptée en pierre vers l'année 1490.

N° 108.